世界很亂，但至少我們還有愛

彩虹大叔
蔡意欽／著

目錄

第一篇

這是愛

第二篇

這都不是愛

第三篇

竟也有這樣的愛

第四篇

這樣包容的愛

第五篇

這樣軟弱也是愛

【推薦序】

愛得夠勇敢，才可能造就如此精采

唐綺陽

蔡意欽是我大學學弟，小我幾屆，小小的四合院校園裡，轉來轉去就那麼幾間教室，很容易遇見彼此，所以我對他很有印象，就是那個笑容「燦爛得很過分」的小傢伙。

人跟人就是這樣，沒什麼更深入的交集之前，對這人的第一印象，就在心裡自以為這便是對方的全部了。一開始遠遠地看他，我總覺得，這學弟就是無害又無憂、樂觀、沒啥心眼，但後來認識更多，也更近距離看他，沒錯，他的確無害又沒啥心眼，但，無憂、樂觀？那就是我們把事情想得太簡單了。

人怎麼可能真的無憂？在人前呈現無敵笑容，毋寧是他的選擇，選擇用正面方式對決人生，在人後「把悲傷留給自己」，不讓愛他的人擔心。

畢竟身為同志，他又成長於保守的八〇年代，關於尋找什麼是愛與追尋真愛，他的人生、境遇，勢必比別人更艱辛、更波折。

白羊座是行動派，這本書，記錄的就是他這一路走來「用碰碰撞撞找愛」的故事。

這篇推薦序其實跟我占星師的身分無關，而只是單純「看完故事、下巴掉下來」的學姊，我只覺得，意欽他好勇敢啊！遇過再多挫折與艱難，也沒放棄追尋真愛的決心。也正因為這份勇氣，才能遇見他的真愛佑佑，兩人還舉辦了婚禮，成立彩虹大叔的粉專。在社交媒體上，兩人總是情侶裝、全世界出行，拍燦笑合照，閃到不行（令人髮指），真是令人羨慕又嫉妒。

但看了他的故事，我也告訴自己不用羨慕，因為夠勇敢才可能造就如此精采，勇敢是要付出很多精力、情緒做為代價的，自己做不到，羨慕也沒用。

我佩服一休（友人對意欽的暱稱）出了這本「詳述同志追愛歷程」之書，一來記錄自己愛的歷程，二來，也讓更多還在灰暗、憂懼中的同志知道，毋須害怕，再怎麼多的、詭異的遭遇與波折，只要保有信心，終能找到相知相伴的真心人。

就算跟勵志無關，他的人生也是某種離奇，當故事看，都好看。

恭喜一休出書！祝福大賣。

（本文作者為占星專家、作家）

【推薦序】
愛的各種面貌

王心凌

「說到愛，應該說是……說到每一種愛，都是很難解釋的，都是沒有對跟錯的。」（張艾嘉，《愛》）

張姊在她如瑰寶般稀少珍貴、迄今的最後一張專輯裡，說了這段話。在我閱讀一休的初稿時，腦海中浮現的是張姊溫柔又堅定的聲音。

我和一休有著各自「第一次」的緣分。我第一次擔任的遊戲代言人，就是一休操刀的。他在遊戲公司推出過許多叱吒風雲的遊戲產品，第一位邀請的廣告代言人，就是我。我們應該只在拍廣告時見過一次面，很多年後，他透過我的經紀人，傳來了這本書的初稿。我一直拖著沒立刻回覆。某個夜裡我打開手機，點了下去。四十幾個故事讓我又哭又笑，欲罷不能地一篇接著一篇看完。一休想講的是平權，藉著這些故事，為那些曾需要隱身暗處的朋友發聲。

細讀完每一個故事，我卻覺得，那每一段人生，或許獨特，或許荒謬，或許讓人心疼、生氣，也讓人忍不住嘆息、落淚，卻扎扎實實呈現了關於愛的各種面貌、各種姿態。

是啊，這世界很亂，但至少我們還有愛。那些曾經的快樂、痛苦、傷心、快意，都在愛裡，找到歸屬。

謝謝一休，願意開誠布公、掏心挖肺地寫下這些生命經驗。

他們很美，也很苦。但，這就是愛。

（本文作者為偶像天后）

【推薦序】

看見陽光燦爛下的那道彩虹

鍾欣凌

大學有一陣子，我跟意欽學長很熟，好像是因為他跟我們班一起修國劇聲腔，於是我們變成好朋友，常常在教室外等彼此下課，然後到處混。記得有一次，我在教室外面想要拱他翹課，從窗外往教室找，一眼就看到意欽學長，他是如此的陽光燦爛、漂亮迷人！最近再碰面，是他和佑佑要結婚登記，需要找見證人簽名。那天很熱，看到他的時候，他的鼻頭冒著顆顆的汗水，臉上掛著傻傻的笑容，依舊陽光燦爛、漂亮迷人！

在大家羨慕他是遊戲公司大老闆，婚姻幸福美滿，有錢有閒四處玩樂的同時，仔細想想，或許是因他的良善，他的努力，他的陽光燦爛，他跟佑佑的不畏風雨，才能讓整個宇宙都在幫他！

現在，讓我們跟著他書裡愛的不同面貌，來看看陽光燦爛下的那道彩虹！

（本文作者為金鐘影后）

好評推薦

◎每一種愛也許面貌並不同，但愛的本質卻都相同。意欽是我認識對「愛」最誠實、最熱烈、最願意付出的人。從他筆下寫出的四十多個故事，每一篇都讓我感受到愛的厚度和包容。我全心推薦，因為每篇都感動我心！

——陳婉若（伊林娛樂副董事長）

◎認識意欽是在大學時期，一轉眼兩個小鮮肉都已乾式熟成中年大叔了。這中間我幾乎都在做唱片、寫歌詞，其實還滿單調乏味的，而他卻精采絕倫地過了前半生，包括這書裡這麼多的愛情故事。我寫的歌詞大部分都是靠想像力去設定人物個性、心境和故事情節，而意欽有許多的感情故事，是最大膽的想像力也想不到的。其實不只是感情，他整個人的基調就是，戲劇性。

年輕的時候我稱之為誇張，覺得這個人好敢講，從來不在乎會不會沒面子、難為情。直到很後來我才發現，他的人生就贏在一個「敢」字，他敢說出來、敢要、敢去試、敢付出、敢給予、敢沒有得到回報、敢哀傷欲絕。順心而為，無所罣礙，所以人生過得至情至性，也盡情盡興。還好他秉性淳良，不至於敢殺人越貨、逼良為娼什麼的，而他的真誠熱情與慷慨慈悲，還讓他換來此生的諸多福報——這本書裡的每一位主角，難道不都是他生命中的福報！而這些人教會他的關於愛的事，他又毫不吝嗇地掏心掏肺跟大家分享——面對愛的時候，每顆心都一樣高尚而卑微，一樣脆弱與珍貴。世路多歧，人海遼闊，還好我們還有愛、還能愛，一旦遇上了，那就勇敢愛吧。

——施人誠（華研唱片副總、名作詞老師）

◎篇篇璀璨動人的愛情故事，譜寫出陽光下深刻且無懼的愛。

——謝承均（戲劇天王）

◎從荒謬殘酷的愛中誕生出真摯溫暖的愛，這是彩虹大叔用生命寫給我們的奇書！

——納豆（金馬最佳男配角）

◎你懂得愛嗎？

記得我讀過日本知名編劇坂元裕二寫到：「我看到可愛的小狗，會覺得好可愛，收到別人送的花束，也會心想『好漂亮』；這些功能我都有，但我沒有愛另一個人的能力。」

是呀，因為世界的紛擾，我們好像都覺得「愛」是一件很難的事情：誠然，愛有很多必須鍛鍊的能力、必須克服的問題，但是「愛」沒有「資格論」的問題存在。不會因為我們是誰，所以就沒有資格愛人，或是沒有資格被愛。

我曾讀過一本書，談到關於「美」的定義：當每個人看到美景時，我們不需要別人教、不用被賦權、不必有理由，就可以本能地、自然地覺得「美」，這是天生的、不假思索的、不用任何原因跟推理的，一種天然又自信的反應。

讀完好友意欽的這本書後，我覺得，愛也是如此吧！我們不需要得到誰的認可、不用什麼理由、不用被賦予權力，才有資格「愛」；當然，要愛好、愛久、愛全，需要很多的投入與努力。但是，「愛」本身，並沒有資格論。

對我來說，這是一本會讓人對人性重拾信心的書，你會發現，在這個處處都有條件、有前提、必須先如何才能有資格如何的現代世界裡，愛與美的權利，竟可以如此單純，著實讓人感到放心，因為，至少我們還有愛呀。

——熊仁謙（快樂大學創辦人）

◎認識意欽的時候，我們都還是個孩子，活在恣意妄為、不知天高地厚的青春裡。我還不懂得怎麼做自己，他卻已經橫衝直撞地去愛。見證他一路走來的勇敢，我始終相信，我們渴求的天長地久並沒有任何不同。

——艾莉（暢銷作家）

【自序】

至少我們還有愛

我七歲就知道自己是同性戀，大半輩子都活在自我性取向認同與不認同之間。

記得小時候看完卡通裡的小甜甜和安東尼，晚上睡覺時，我總會把抱枕當成安東尼抱在身邊，然後親吻抱枕，跟他道晚安。我當時就隱約覺得自己怪怪的，怎麼跟別人不太一樣，對於男性卡通人物的幻想總是不敢跟任何人提起。

沒想到還在充滿幻想的童年歲月時，竟然被一些親戚開發了男男的肉體接觸。太早的肉體接觸，讓我對於身體的羞恥感變得很矛盾，也很自然地想看看並碰觸同齡男生的身體，卻又很怕其他長輩接觸到我的身體。也造成日後我對於愛情忠貞這檔事，有著不同於常人的看法。

最糟糕的是沒有人教我，我只能自己摸索，自己猜測。

我記得國中時，跟班上的男生在家裡互摸下體，摸到兩個人都射精了。這時候我突然覺得自己好想死，全世界是不是只有我這個男孩子熱愛男體。會不會有一天我自殺留下遺書，然後一堆科學家會剖開我的大腦，來研究我到底為什麼與眾不同？

好在，我還有愛。在肉體之外，我真真切切愛上一個隔壁班的大男孩。我開始懂得反思，沒有墮落得太嚴重，而放棄自己。

也好在我十八歲後認識了很多同樣男生愛男生的朋友，我才知道，原來這叫同性戀，而且全世界各地都有。雖然那時候的資訊還是告訴我們，同性戀是不正常的一群，但至少有一群，而不是只有我一個。

當然，談了很多場戀愛，遇見形形色色的人，我才知道原來大千世界裡，有這麼多不同想法、不同行為、不同感情、不同觀念的人類。原來愛裡面如此多元。不像從前我們看的電影，裡面的愛情，通常只演出一套公式，現實世界愛的樣貌之多，超乎想像。

因此，我想要寫這本書，記錄多元的愛，記錄我所見聞不同種類的感情。讓人們知道，當我們在攻擊別人不同調、很怪異時，會不會是因為我們沒有打開眼界，看清這世界。包括同志朋友攻擊被掰直的基督徒前同志，還有異性戀攻擊同志婚姻，我想讓那些以自己侷限的眼界看世界的人們知道，其實各種感情都曾經真實的存在，因為這世界一直都有愛。

終於到了五十歲之後，在同性的愛情中我也定了下來，遇見了普羅大眾都覺得是幸福的愛情。

回首看我青春歲月時的同性戀戀情，最大的夢想就是結婚。後來才知道，除了結婚還有更困難的，是讓雙方的家長、親戚、朋友、家人都能接受我們的結合，理解我們就是相愛的伴侶，對待我們也跟對待其他夫妻一樣，沒有分別。

我是幸福的彩虹大叔，所以我想讓還在愛情世界徘徊的朋友知道，追求幸福的方式很多，總要找出最適合自己的樣貌，才是真正的幸福。幸福之前，有很多「曾經的我們」，做了很多的選擇，轉了很多的彎。而這些轉彎，就是讓我們看清楚什麼才是適合自己的幸福模樣。

傷害你的渣男，曾經也是對的人。熱戀過後，對的人也會變成家人。

然而我們一輩子，到底會遇見多少人？各奔西東後，你又會記得多少人？之前的我們，都在做些什麼呢？發生了什麼故事？

人生或許要向未來看，日子才會過得更好。但依我的經歷來看，或許要常常回頭看人生有過的感情。因為幸福與缺憾，總是比較出來的。快樂或不快樂，總要先了解什麼是快樂。偶而回頭看清楚「之前的我們」，也許會更懂得自己。因為有曾經，才會有故事。之前有多少「錯」的我們，才會遇見「對」的我們。

就算之前碰到的都是渣男，那些渣男在當下也都曾經是對的人，不是嗎？

我相信，**真正對的人，總會出現在你最愛自己的時候**。

回頭看看之前的我們，總能讓我們更了解之後的自己。

希望我分享自己與身邊的人發生的故事，也能讓各位朋友想起曾經忘記的那些自己，讓看過這本書的人都能記得，不論這世界有多亂、多紛擾，至少我們都還有愛。

第一篇

這是愛

因為愛過，所以珍惜，

無論彼此最後永不相見，或成了永遠的情人、朋友或家人，

在愛裡面，什麼都可能。

↵

↵

↵

Enter

我的初戀——
小柳：Hold Me Now

有時候，有種感情失去了，這輩子就都失去了；
怎麼努力想繼續還是會失去，
這種感情就叫初戀。

我到大學二年級才第一次交男朋友，這應該跟因太早接觸男男肉體關係、根本不懂愛的我有關。

我的初戀叫小柳，認識他是在臺北當時最有名的同志酒吧，我還記得那家酒吧叫做「名駿」。見到小柳當天，他剛好失戀了。

他在地下室的舞池前第一張桌子啜泣，身邊圍著一堆朋友安慰他，那紅著眼的樣子就像小嬰孩似的。

我端著酒過去跟大家寒暄，也加入安慰他的行列，直到店都要打烊了，他還是止不住哭泣。

打烊前他還堅持點一首歌，唱完才願意離開。他上臺唱歌時，所有人趁機偷偷翹頭、跑去樓上，所以整個地下室的舞池只剩我一人，靜靜聽他唱那晚的最後一曲。

我還記得，那首歌是甄妮的〈依然是你的雙手〉。我總覺得，就是這場景的氛圍，我才開始喜歡上他。

後來在某個機緣下，我們一起在當時很多同志愛去的「iR」餐廳打工。

我負責在櫃檯結帳，他在調酒吧檯服務，而吧檯剛好就在結帳櫃檯的正對面。所以上班時間我們很容易對到眼。兩個人眉來眼去久了，同事都挖苦說，經過我們中間就會感覺到一股強烈的電流。

小柳很愛去當時的「黑街」找一夜情；所謂黑街，就是舊臺大前面的一條林蔭大道。在一九九〇年代是很多同志喜歡去找伴侶的地方。

有一次下班，我又陪他一起去黑街。那天他逛很久，一無所獲，但因為已經半夜了，當天我就去他家借住一晚。沒想到半夜起床，看到他閉著眼睛的模樣像極了小天使，一時天雷勾動地火，我們就在一起了。

雖然他年紀比我小，但因為沒念大學，所以同居一年後，他就得入伍當兵。

也許因為是初戀，也許因為自己是同志，在感情裡總是很沒有安全感。

當他要入伍時，我其實是非常不捨的。

記得送他入伍那天，陽光燦爛，我的心卻是下雨的。

整個車站都是小光頭，大部分的阿兵哥都是女朋友來送行，親吻得難分難捨。而我們男男這對，在那個保守的年代，連一個擁抱都怕別人異樣的眼光。就算眼睛都泛著淚，也只能直直望著離去的背影。連哭都害怕被別人看到眼淚。

我一個人回到兩個人的房間，竟然在錄音機發現一張紙條。

在那個只有卡帶，還沒有CD及MP3的年代，他把陳淑華〈Hold Me Now〉這首歌重複錄成一整卷錄音帶。

他說，只要我想他，就可以聽這整卷，感覺他整整擁抱著我兩個小時。

他希望這音樂，可以擁抱我兩年。

當時我的學校在臺北，住在蘆洲，而他當兵受訓的地方卻是屏東潮州那遙遠的南方。

還記得每個週日要會客的日子，我總是花上十二小時的車程，先坐公車到臺北車站，再搭野雞車到高雄車站，然後轉火車到他屏東老家。跟他的家人會合後，一起開車去營區，會客八個小時。然後再花同樣的十二個小時車程回到蘆洲。三個月沒有間斷，當時我還是窮學生，真不知道是怎麼熬過來的。

可是兩年後他退伍，就移情別戀我當時的死黨。

那是他退伍後第八天，剛好我高雄老家的死黨也是同志，上來臺北借住我家。白天我去上課，沒想到他們兩個在家就看對眼了。

那晚蒙在鼓裡的我，正開心準備慶祝他退伍的派對。

他就在派對結束前，在同志酒吧的門口，跟我提分手。

第一次失戀的我，從忠孝東路四段一路走回中山北路六段，足足走了十多公里。那晚，我又用〈Hold Me Now〉的音樂擁抱我整夜。

↵

多年後，因為臉書的關係，沒想到我們又聯絡上了。

一個午後，我們約好見面，他變瘦很多，也憔悴很多。

他哭訴著後來他被我死黨家暴，後續三任都遇到會打人的，因此得了憂鬱症，必須靠藥物才能平靜地入睡。

之後我們很常聯絡，他搬到高雄去，我只要回老家都會去看看他。

也許是因為他學歷不高，年紀也大了，所以生活一直過得有些辛苦。我沒有停止過幫助他，不管在哪一方面，讓他有工作，有固定的經濟來源。

你說，我還愛他嗎？也許有愛，或許基於照顧初戀的心態，每每看到他或者收到訊息，哭訴著生活不如意，其實心是很痛的。

直到我要結婚，寄喜帖給他，沒想到他就此失蹤了。

結婚當天，我還很期待他會突然參加婚禮，給我驚喜，但他沒有來。似乎不來也好。

因為有種感情，有時候失去了，這輩子就都失去了；怎麼努力想繼續還是失去，這種感情叫初戀。

彩虹大叔說愛：
有一種愛，叫失去。

最佳前男友——

董董：有一種特別的家人叫前男友

人生沒有非要某個人才能過日子，
但總會不自覺地思念某個人。
如果不想讓這分思念變成失戀，何不用另一種心情擁抱對方。

男同志常常有一種很特別的家人，叫做前男友。

我覺得是因為同性的戀愛，不管前任、現任，還是自己，都是相同性別，多少摻雜了兄弟情誼，所以敵意頓時就失去大半。也因此，很多男同志跟前任都維持很好的互動關係，現任也比較少有吃醋或相處不來的問題。

我有一個前男友，分手至今仍是我最要好的死黨。

說到董董，真的是很特別的一段。

在當兵的時候，流行一本叫《愛情青紅燈》的軍中小本雜誌。因為當時與我同寢室的是一名行政兵，雜誌社要軍中廣告都會找他，所以他就幫我免費刊登了一則男男的徵友啟事。

那時的徵友啟事只有文字，完全沒有圖片。我這位前男友是很虔誠的佛教徒，所以董董看到我的地址寫的是彌陀郵政時，就覺得好有佛緣。

於是董董就寫了交友信給我，還取了一個很佛緣的筆名，就是觀世音菩薩的「世音」。

我們通信了一段時間，就像古代那種魚雁往返的相思，寫了十幾封信都沒有見面，也沒交換相片。我甚至為了想像他長什麼樣子，而問他跟哪位明星長得比較相近，他說是李連杰。

就這樣，我默默地以為跟李連杰談了近半年的紙上戀情。

大約半年後，我們終於決定要約見了。

那是一個暴風雨的夜晚，我住的地方風雨交加，還淹大水，幾乎水深及腰。

我不顧一切地去跟他見面。也許就是因為我們之間會有永生永世的未來，所以見面的當天，才會下那麼誇張的暴風雨。

終於見面了，但也真的不是李連杰，是隻缺了一顆牙的小白兔，而且嬌小可愛。我見到他時，全身都已經溼答答，眼鏡也被雨露矇得模模糊糊。於是我很紳士地拿起他的眼鏡用衣服幫忙擦拭，又用外套幫他罩住發抖的身軀。就這樣，很快把董董騙到手，我成了他的初戀。

遠距離的戀情是很辛苦的。

接下來，我退伍北上，他考上南部大學，相隔兩地，我忍不住寂寞，就跟他提分手了。

其實當時的我真的著實傷透了他的心，他的純真、可愛與善良，世間少有，但年輕的時候，誰又會想那麼多？

分手後，他還是繼續寫信給我，我每年還是會收到他的賀年卡，每個節日也會接到他的電話祝福。

這麼多年了，我對他的愧疚仍埋藏在內心深處，而心裡也就一直空著一個空間，容納著對他的關懷。

我們斷斷續續地聯絡，直到有一年，董董救了我一命。

三十八歲那年，我發現自己的胃長腫瘤。當時的我狀況糟到不行，工作不順，在一起十多年的男友跟別人結婚去了，父母的婚姻關係也岌岌可危。

就在我很無助、失去生存意志的時候，他打了一通電話給我。

他發現我有狀況，立刻就來找我，帶我皈依一位仁波切活佛，讓宗教的力量使我平靜。他也每天陪伴我，慢慢地勇敢對抗癌細胞跟生活的困境。

當然，我現在過得非常好，一切陰霾都煙消雲散了。

而他現在也有很好的歸宿，跟一位花蓮名師相愛十多年，經常到處遊山玩水。雙方還期許臺灣同志婚姻合法之後，要排第一去登記結婚。

我跟他的緣分，從他十八歲到現在四十幾歲。他不只在宗教上帶領我，是我永遠的師兄弟，他的爸媽和我爸媽，他的兄弟姊妹和我的兄弟姊妹，兩個家庭早就像一家人一樣融合在一起。他是我的前男友，也是我永遠的家人。後來我的每一任男朋友，沒有一個不跟他成為好朋友，他就是這麼善良、這麼包容我所有的所有。

常常看見很多朋友跟男朋友分手後呼天搶地。但轉個念，如果我們有智慧地讓這段緣分轉個彎，是否有機會開出更美好的花朵？

雖然人生沒有非要某個人才能過日子，但總會不自覺地思念某個人。如果不想讓這分思念變成失戀，我們何不用另一種心情擁抱對方。

前男友，為什麼不能當好朋友？就算在愛情裡他是不對的人，也許在其他方面是對的人，畢竟前任有著跟其他朋友完全不一樣的曾經。

如果能跟所有前男友都變成好朋友，那我們是不是就增加很多很多的另一種家人。

因為相愛過，珍惜過，所以會更懂得彼此的心情。這不就是一種完美的新家人嗎？

前男友因為沒有了心動，就不會心痛，是完美的有情人。

彩虹大叔說愛：

有一種愛，叫放手。

最浪漫的失戀——

阿嘉・Everything I Do, I Do It for You

人一被愛就容易傲嬌。
人生的難，
就是在於自己幸福的時候不容易察覺。

〈Everything I Do, I Do It for You〉這首歌是布萊恩・亞當斯在一九九一年為《俠盜王子羅賓漢》所寫的電影主題曲。

第一次見到阿嘉是在同志酒吧「Funky」的舞池裡，我正隨著喜歡的歌曲熱舞，而他就在旁邊呆呆看著我。之後每個週末，不管我在Funky的哪一個角落，他總會突然出現在附近，傻傻地對著我笑。

我們第一次說話，是在我最痛徹心扉、結束初戀後的某一個夜晚。我蹲在酒吧後面的巷口，他問我為什麼不再有笑容？當我說出我的不快樂，他就默默地陪我一整夜，聽我罵負心漢。

那一年我們都是大學生，他是學室內設計的，我是北藝大戲劇系。為了一圓免費出國的夢，我去報考了青年訪問團，沒想到竟然入選，所以就離開臺北租的房子去集訓。

就在受完訓回到家，他聯合我室友拿了鑰匙，把我房間全部重新裝潢，布置成我南部老家的小窩。利用小小的窗戶延伸出去的視覺，看起來真的就像我老家窗外的花園，有木頭小涼亭，有流水池塘。

交往時，他會在那個保守的年代捧一大束我最愛的海芋，在車站等我。他也會在寒冷的冬天，因為我的嘴唇龜裂，從桃園中壢的中原大學騎機車二個小時，到臺北關渡的北藝大送護唇膏給我。

有一次，他帶我回到他臺南的老家，他家是賣米的。那一晚，我們兩個就躺在堆積如山的米倉，說一整晚的笑話，他讓我忘記初戀被背叛的傷痛。

他還有最厲害的一招，就是每次我不開心，他都會叫我看著他的眼睛，然後眼珠子不停閃爍，好像卡通人物的眼睛在放電。

↵

人一被愛就容易傲嬌。

人生的難，就是在於自己幸福的時候不容易察覺。

然後自己容易搞丟自己。

就在跟阿嘉交往一段時間後，有一次，他跟我的室友有些不愉快。記得是室友想約我出門，阿嘉就在電話上跟室友有些口角，我生氣地掛了他電話。

沒想到兩小時後，阿嘉竟然出現在家門口要跟我道歉。

其實，當下我感動得要死，但後來室友一直說，會這樣突然出現的一定是恐怖情人，還說有預感，有一天他一定會為愛把我殺了。嚇得我六神無主，就跟阿嘉提分手了。

我們在一起看的唯一一部電影就是《俠盜王子羅賓漢》。我說我超級喜歡這部電影，包括主題曲、演員跟海報設計等，簡直完美。

分手後有一天，我突然接到阿嘉的電話，要我打開收音機。收音機傳來主持人念著阿嘉的名字，說他點了一首歌送我——〈Everything I Do, I Do It for You〉。

歌一播完，門鈴就響了。阿嘉全身是傷，出現在我家門口，他手拿著裱好框的電影原版海報。原來他為了拿這麼大的海報送我，騎車不小心大摔車，但為了趕著送我海報，而不願意先去醫院。

我們還是沒有在一起，也許是年輕不懂愛，不懂珍惜，也許是初戀傷口未癒合，也許沒能曉得青春很快就消逝。就在畢業前，我在學校收到他的一封信，他把所有對我的愛跟思念，寫了洋洋灑灑八張信紙。

我就在校園裡崩潰地哭了起來，當下我真的認為自己再也碰不到這麼愛我的人了。

所以每次，只要有人談付出，我就會想起這首歌〈Everything I Do, I Do It for

You〉跟他——臺南米店的小男生。

↵

很多年以後，告別青澀單純。

他終於成為室內設計公司的老闆。

我也終於自己買了一間有花園的房子。

他說他要幫我設計。

而他把我的花園設計成當年的木頭小亭子，還有流水池塘，全都成真了，造景真實立體地矗立在花園一隅。

又過了很多年以後，告別了為賦新詞強說愁的餘味。

我們身邊都有伴了。

我也終於準備要結婚了。

婚禮當天，他帶著他的另一半來參加。

當我挽著我另一半站在臺上，說感謝所有參加的人時，我遠遠地看到他很興奮地跟我揮手。我的心裡響起了那一首歌〈Everything I Do ,I Do It for You〉。

我也對他揮手致意。

謝謝你為我做的一切，你讓我學會珍惜，也讓我懂得付出。

人的一生，總有個曾經的遺憾，而這個遺憾會在脆弱時變成力量，告訴自己我曾被愛過。阿嘉就是我這個力量。

彩虹大叔說愛：

有一種愛，叫付出。

好朋友變成男朋友──

阿慶：愛與不愛，都該誠實

好朋友變情人，
分手後常常連朋友都做不成……

一般觀念裡，因為同志族群裡大家都是同性，好像很容易從好朋友變成男朋友。

但依我觀察，其實沒那麼容易。因為有時候太了解、太熟悉，愛情需要一些神祕感跟衝動，好朋友要變成情人反而有一些障礙。

就算因為某些時刻友情起了化學變化，有些同志會意外地跟朋友發生性關係，但要相愛在一起長長久久，恐怕沒那麼簡單。

我曾有過一段好朋友變成男朋友的故事，結局就不是那麼美好。

在二十年前，還沒有網紅、網美的時代，阿慶就是同志圈的風雲人物，十五歲就在圈內「出道」了，可愛又容易害羞的樣子，在當時風靡許多人，還有人稱他「Gay Bar之光」。

他拍過很多廣告，也是林慧萍的頭號粉絲。雖然他一心想進演藝圈，但後來還是沒成功。

認識他是在臺北火車站前、現在已經沒有的「溫蒂漢堡」，他穿著高中制服來跟朋友們見面。那時他還是我朋友的男朋友，但他青澀的樣子很容易讓人印象深刻。

後來我考上大學，上臺北念書時，阿慶已經跟我朋友分手了。我臺北朋友認識不多，很順理成章地跟他成為好朋友。

他在西門町的「德州炸雞」打工，所以每次去西門町，我就會去找他大快朵頤幾塊炸雞。

他家有很多很多音樂錄音帶，整面牆壁放得滿滿的。我假日就會跑去他家聽音樂，因為任何新歌、舊歌、老歌他都會買。對於沒錢買錄音帶的我來說簡直是天堂。

他有時會很貼心地拷貝幾首我愛聽的給我。因為他曾經是朋友的男友，在當時我真的沒有非分之想，兩個人像閨密一般愛聊很多別人的八卦。

直到有一天，我的初戀去當兵，我心情不好找他聊天。記得好像也在他房間掉下幾滴思念的眼淚。沒想到阿慶竟然抱著我，想親我，我就很尷尬地匆匆跑回家了。隔天，我在家裡收到他的告白情書。

很可愛的是，他的告白信有一半都是抄林慧萍的歌詞。他說，他希望能代替去當兵的男友，當我的另一半。他也說，他偷偷喜歡我很久了。

其實當時很感動，跟他相處也真的很愉快，只是我心裡只有服兵役的初戀男友，怎麼可能接受別人，但我又不想失去那段友情。於是我很慎重地跟他說我的想法。

因為尷尬，我就比較少單獨去他家了。

↵

多年後，因為臉書的關係，我們又連繫上了，變得比較熱絡。

這次相遇，男未婚，男未嫁，就這樣天雷勾動地火在一起了。

認識二十多年的朋友突然在一起也是很妙。

剛開始因為共同朋友太多，豐富的共同經歷，真的有聊不完的天跟說不完的話題。但也因為很了解對方，所以特別容易吃醋，只要見到可能是對方的菜在身邊出現，心裡就會警鐘大響，開始翻白眼。

那時候同志還不能結婚，所以過年春節只能哀怨地相隔兩地。

可是他卻大年夜直接坐火車南下，不顧家人就只為了來陪我吃年夜飯，一起圍爐。

就是那一次來高雄吃年夜飯陪我過年，他剛好遇見當時在我家燒烤店打工的初戀男友。他還記得當年我是因為初戀拒絕他。

沒想到大家聊得正開心時，他竟然對我初戀說：「當年輸給你，但他現在是我的了。」

其實我知道他這句話是開玩笑的，但突然間，我覺得自己好像瓊瑤愛情電影的男主角，被兩個女主角爭奪。

不過我初戀更猛，他竟然回說：「畢竟他也是因為我，才拒絕你的。」

↵

好朋友變情人，很容易就成為老夫老妻，新鮮感也容易退去。

就在我陪他參加一場朋友的聚會上，席中出現了一個小男生。我看他們聊得起勁，結束後他還叫我開車，一起順便送小男生回家。隔天晚上，他就打電話來提分手了，而且原因竟然是他覺得我比起當年真的老了。

果然兩天後，就出現他跟小男生在一起的消息。他其實是我唯一一任現在沒有來往的前男友。

好朋友變情人，分手後常常連朋友都做不成。

說真的，我一點也不恨他，至少他要愛上別人前，先跟我說分手。

或許是對我有些愧疚吧，他已經完全封鎖我了。

但**也許有一天，路上遇見了，我還是會給他一個微笑跟擁抱。因為我們真的曾經愛過、浪漫過、甜蜜過、快樂過。**

不論同性戀還是異性戀，愛情、友情常常只有一線之隔。

不論哪一種感情，在愛與不愛時都該誠實面對，讓自己的選擇屬於幸福的時刻。

彩虹大叔說愛：

有一種愛，叫誠實。

直男男朋友——

麥可：笑著說再見

愛情永遠沒有固定的面貌，
就像愛情的結局總是讓人意想不到。

努力，愛情不一定就會圓滿。尤其在跟直男談戀愛時最能清楚驗證。

我曾經有一段美好又甜蜜的直男之戀，他是個非常忠厚老實的男孩子，也是我軍中的死黨，比我小二梯，而且還是龍舟隊的選手，在訓練下操勞過度，看起來比較顯老。

有一陣子他剛好跟初戀女友分手，所以每天都沉迷於嫖妓喝花酒這檔事，我還曾被他強拉去嫖妓。每次一起站衛兵，他總是三句不離「鳳凰閣」，對於鳳凰閣每個女生他都可以如數家珍，感覺他早就嫖過好幾輪。

但有一天我們的關係改變了，是喝酒誤事。那天連長請喝滿月酒，我們大家太開心，喝到無法開車，我跟麥可就共搭計程車離開。

沒想到陪我坐在後座的他，不知道是酒精作祟還是怎麼了，瘋狂地對我上下其手。後來他還說暈了，整個人就倒在我身上，手伸進衣服裡就沒有安分過了。激情的我們沒有回部隊，直接開房間。

隔天他問：「都這樣了，我們的關係算什麼？」

我有點搞不懂，就問：「那你想要算什麼？」

他說：「應該算情人吧！」

我大大驚嚇：「你不是一直愛女生嗎？」

結果，他說了一件很玄的事。就在一週前，他突然做了一個很清楚的夢，他夢見我們兩個發生了肉體上的超友誼關係，他已經納悶了一個星期，沒想到昨晚酒後就情不自禁了。

說真的，我打從心底沒想過會跟自己的兄弟變成情人，但他身材真的很好，所以我就想說，交往看看吧。

沒想到看似「古意」的老實人，最後還說了一句超級經典的話。

我問他：「你不在意我是男的嗎？」

他說：「我喜歡你，不是因為你的性別，而是你的特別。」

原來老實人也是很會花言巧語。

麥可是個忠厚老實的直男，我記得有一次我們在軍中吵架，他隔天送我花道歉，竟然買的是菊花。我真以為他要掃墓了。

跟直男在一起也有些優點，他們不會跑同志酒吧、同志三溫暖、同志溫泉、同志公園，所以基本上要外遇的機會比較少。也許是因為這樣的緣故，這個忠厚老實男的性欲特別嚇人，開車也要，坐大眾交通工具也要，公園散步也要，爬山也要；印象最深刻就是我們第一次一起出遊住旅館，整晚我都沒有睡覺的機會，他大概來了七、八次有吧。

漸漸地我們年紀也超過適婚年齡，他又是獨子，父母開始逼他結婚。長輩安排相親，朋友介紹女友，不論是應付還是真有感情的跟其他女生約會，我都睜一隻眼，閉一隻眼，甚至完全不理會他原始異性戀的那部分。因為我們兩個，不管怎麼樣，就是捨不得分開。

約會久了，總會遇見情投意合的，終於他認識了一個女生，不再只是應付。有一天，這女孩子打電話來說她懷孕了。掛上電話，他轉頭眼睛直直地看著我，我只淡淡地回他說：「懷孕就結婚啊，恭喜你。」

接下來就是無止境地忙婚禮，他很依賴我，幾乎所有事都要我籌備。提親、選婚紗、挑照片、找餐廳、印喜帖，好像是我結婚一樣，每件事都我在張羅。

印象最深刻的一件事情是，還沒提親前，要先去跟他爸媽見面，是我陪著他一起去。在女方家，對方爸爸發狠地開了三瓶高粱，拚命要灌死我們，大概是為了報復自己女兒未婚懷孕吧。

為了替他擋酒，我只記得隔天醒來，我是倒在捷運站的垃圾桶旁邊。

終於到了結婚當天，我以伴郎兼招待的角色貫穿婚宴。

當所有知道我們過往的朋友，一杯接一杯酒的過來安慰我時，換他紅著眼，一杯接一杯幫我擋。

宴席總會結束，當我要送他們上車回家洞房時，他回頭紅著眼笑笑地跟我說了句「謝謝」。

其實我也謝謝你，謝謝你笑著跟我別離，讓我學會即使分手也要帶著愛意跟祝福，這樣的感情才完美。

然而，幫自己心愛的人辦完他與別人的婚禮，回到家裡一個人時，才知道心碎鏗然的大聲。獨坐在陽臺前的落地窗，我忍不住用盡最大的力氣，都快把肺哭出來了。

愛情不苦，苦的是想占有。

多年後，有人問我，他也跟同性的人在一起，這樣還算直男嗎？人真的很奇妙，跟他在一起的十六年裡，他沒有多看其他男生一眼。他性衝動都是對女生。我可以肯定之於同性，他只有我一個。

但這些都不是那麼重要，因為**在愛裡面，什麼都可能**。

愛情永遠沒有固定的面貌，就像愛情的結局總是讓人意想不到。

彩虹大叔說愛：

有一種愛，叫成全。

我的巫術愛情——

翔翔：一定陪你到康復

老天爺給你的也許不是最好，
但一定最適合。

我曾經交往過一個高中生男孩，那是我人生最低潮的時候。

在一次喜宴裡，朋友起哄說要治療情傷，最有效就是重新找一個男友。於是就要我在喜宴廳的服務生中挑一個搭訕，沒想到我搭訕到一個小胖弟，還要了電話。我發誓當時完全沒有要打電話給他，因為他真的看起來超級年輕幼齒，才十七歲。

隔兩天，剛好我約一位神奇的日本高野山大師，大家圍著大師問解夢，我也問了前一晚的夢。

我夢見自己在一個很巨大的鳥籠裡，像一棟大樓那麼大，四周全部都是孔雀，但我卻非常害怕。說真的，我不懂為什麼要害怕孔雀，但整個夢中的心情是很恐懼的。突然有一隻孔雀很親切地用翅膀包裹著我，然後緩慢地帶我離開鳥籠。於是我就在外面的世界自由自在地飛翔了。

說完夢境，大師竟然很嚴肅地告訴我：「你這一兩天一定有遇見一個比你小很多歲的人，」然後大師指著旁邊的服務生說：「像這種大學剛畢業的，都算年紀大的喔。」大師還說，他將會是你生命中很重要的一個人，你們會互相扶持，經歷很多。

突然，我想起小胖弟服務生，因為他才十七歲。

於是我打電話給他，感覺他也很興奮，但不知道在興奮什麼，他看起來就直男的樣子。

那個年代還沒有智慧型手機，也沒ＬＩＮＥ。於是我說，我們交換ＭＳＮ。沒想到青春年少的他沒有ＭＳＮ，只有Yahoo! Messenger。那年代小朋友只用雅虎，上班族才用ＭＳＮ。然後他竟然馬上去下載軟體申請新帳號，專門為我申請。當時我真的樂翻了。

更厲害的是，他申請完一上線要開始聊天時，第一句話就叫我甜心。

他叫我甜心！好像真的所有低潮都變高潮了。

他說以前交過女朋友，前幾天剛跟女友分手，正在情傷中。

我很大膽地問他，那會想交男朋友嗎？

他說他考慮幾天，沒想到後來竟然答應跟我交往看看。

↵

年輕人對於承諾這件事其實很兒戲，也因此接下來就是一連串惡夢的開始。

起初一切都很美好，跟年輕人跑山、夜遊、夜唱、衝海邊、看夜景，好像我的人生重新穿越，回到高中大學的青春放肆。

但好景不常，他分手的前女友開始來找他，一切就都變了，他變得對我不太理睬。人經常在遇見挫折時，求助於神祕的力量。

那時候我同事迷上一位在士林的觀音廟仙姑，聽說問事很厲害，而且還會解決各種疑難雜症。

我抱著去心理諮詢的想法，就跟去觀音廟找師姑求解。

師姑鐵口直斷說，小胖弟已經變心到前女友身上了，如果要他回心轉意，就要做一些法術。

師姑的法術很特別，她要我自己親手做一間房子。我住在幾樓，就做幾樓的紙房子。然後她把小胖弟的名字跟我的名字放在同一層紙樓上，嘴裡開始念念有詞，又吐了幾口口水在紙屋上，就把紙房子跟金紙一起燒了。

師姑說，這樣小胖弟就會搬來跟我住，感情慢慢回溫。

沒想到真的靈驗了。翔翔有一個哥哥，大他三歲，每天都帶女朋友回家過夜。偏偏翔翔跟哥哥倆睡同一張床，三人擠一張床多尷尬啊。

有一天，小胖弟打完工回到家先睡了，結果半夜他哥哥喝醉酒，又帶女朋友回家。隔天早晨，小胖弟起床就發現自己的內褲被脫掉，光著屁股，而哥哥的女友就睡旁邊，嚇得他急忙跑來找我。
就這樣我們住在一起了，開始一段新的同居關係。
他哥哥的女友到底有沒有對他做什麼，到現在還是一個謎。
但翔翔畢竟不是同志，所以跟我一直沒有突破肉體的關係。
師姑這時候就說，要重新做法，一個超級有限的法術。
師姑要我去買一隻小公雞，然後養在家裡七七四十九天。
四十九天之後，把小公雞帶去觀音廟。他把小胖弟的名字跟生辰八字掛在小公雞上，然後用一雙紅色筷子寫上我的名字。接著又是一陣念咒跟吐口水儀式。
就在儀式進行到最後時，師姑把紅色筷子插進小公雞的後庭。師姑說這象徵我能夠進入他體內，這叫男男和合術。
↵
男男和合術後來沒有奏效，我們還是分手了。我也沒有再去觀音廟找過師姑。

雖然我們分手，但我跟小胖弟卻變成像兄弟、像父子一樣的家人。後來，我被診斷出得了胃癌，化療、雷射，折騰掉半條命，卻又不敢讓高雄的家人擔心。這時候的翔翔就像我的另一半，把我照顧得無微不至。他說，他的父親也是癌症過世的，所以他一定要陪我到康復。

而我人到中年，又膝下無子，沒有伴侶，有一個真心對你的小孩，不論是不是男朋友，都覺得幸福。

突然覺得**愛情就像另一種命運，就算努力，還只是注定。而且老天爺給你的也許不是最好，但一定最適合。**

彩虹大叔說愛：

有一種愛，叫陪伴。

同志也有幸福的異性戀婚姻——

洋洋：連自己都忘了的記憶

她說洋洋結婚了，而且有兩個小孩，住在豪宅，過著幸福的家庭生活。我難以置信，我問她是不是搞錯了？

人生的際遇真的是千變萬化。就如同佛教說的，世間唯一不變的就是變。

臺灣同婚運動那些年，當反同團體跟同志團體紛爭不斷時，基督教的反同團體推出一個人現身見證。

他說他年輕時墮落在同志圈，如何如何的荒唐。信主後才改變一生，結婚生子，奉獻教會，不再涉足同志場所。那時網路一陣謾罵，曾經跟他發生關係的人也跳出來掀底，說他多放蕩、多淫賤。說他背棄同志，說的都是歪理，根本是假的掰直，只是雙性戀的傢伙等等。

我不愛評論，我只分享洋洋的故事，也許可以說明佛家說的：世間唯一不變的就是變。

我大四那一年認識洋洋，是在朋友家辦的「potluck party」，也就是大家帶一道菜到主人家一起聚餐的派對。那時候大家都拱洋洋唱歌，洋洋一開口就吸引著我，也太好聽了吧。

在派對時，我們聊得很開心，說實在的，我完全不知道他是發片歌手，而且聽朋友說，洋洋在東南亞爆紅的程度，比林志穎還厲害。只是後來感情跟投資失意，身材走樣，才又回來臺灣。

隔天，洋洋就約我出去。他帶我去當時很紅的歌仔戲小生開的卡拉ＯＫ酒吧喝酒唱歌。當時我被他逗得很開心，因為他很會唱歌，又很會講一些演藝圈好笑的事情給我聽，對於鄉下來的孩子當然新鮮。

約會結束要回家時，他拿了一個禮物給我，說回家才能拆開。等我回到家拆開禮物的時候，發現原來是他曾經在臺灣發的專輯。我正在納悶這有什麼好神祕時，電話就響了，洋洋打來要我聽Ｂ面第三首歌，說完就掛了電話。

原來Ｂ面第三首是〈可以愛你嗎？〉。

這也太浪漫了吧。但我當時真的沒有勇氣跟這麼特別的人在一起，所以不太敢答應。

有一天，我突然又接到洋洋的電話，他說在我家樓下的便利商店打工，下班想來找我。一到我家，洋洋已經把所有的行李都搬到我房間了。工作找好，家當也搬來，我就這樣半推半就地跟他在一起。

所謂的在一起，當然是所有情人會做的都有做，包括上床，還有約會、吃飯、出遊等等。但那時候剛好是他財務狀況最糟的時期，我也只是個學生，經濟更是捉襟見肘，貧賤夫妻百事哀，沒多久我們就分手了。

出社會工作後，有一次在某一場拼盤式的演唱會遇見了洋洋，他改變歌手身分，變成造型師。當天他就是幫某位表演藝人化妝做造型，我們在後臺的空擋便聊了起來。

洋洋說，分手那段時間他真的很不好過。事業倒了，工作也沒著落，身材變形，愛情也離開，他幾乎要得憂鬱症。還好有一位朋友邀他去教會，他讓自己平靜下來，也看清楚未來要的是什麼。

他開始將之前幫自己打理造型的技能用來幫其他藝人，他原本在演藝圈的人脈關係都還在，所以很快就有一些明星讓他化妝做造型。

我問他有沒有交新的男朋友，他說有試過幾個，但都不了了之。他對感情看淡了，也許工作事業才是重點。

之後我和洋洋就很少碰面了，但總是聽說他造型設計越做越好，甚至直接轉戰上海，自己開公司，擴大事業版圖。我跟他幾乎斷了音訊。

洋。

↵

多年後，我在香港遇見一位以前跟洋洋玩在一起的姊姊朋友，跟她聊起了洋洋。

她說洋洋結婚了，而且有兩個小孩，住在豪宅，過著幸福的家庭生活。

我難以置信，我問她是不是搞錯了？她就給了我洋洋的聯絡方式，我就跟他聯絡上了。

我本來以為，這又是一樁為了父母的心願而假結婚的婚姻關係。或者為了有孩騙了一個同妻。又或者為了錢、為了名、為了政治利益？

但我都想錯了，洋洋真心愛著他老婆。

洋洋說，他接觸基督教後，有更不同的人生觀。後來到上海，他認識了現在的妻子，他們有共同的興趣、共同的理想、共同的宗教信仰。他完全沒想到性別的因素，也沒有考慮他能不能當個好男人、好老公，愛情就這樣發生了。

他現在過著平凡的居家生活，也不會想出軌，或當任何不管是男性女性的第三者。

對於前男友，能看到對方得到真正的幸福，在我心裡也有種幸福的喜悅。

我問他，他太太知道他的過往嗎？

他說，**如果連自己都忘了的記憶，那還算是曾經的過往嗎？**

我懂了，我微笑了。

愛情如果沒有了記憶，就不算曾經了。

彩虹大叔說愛：

有一種愛，叫祝福。

當了直男的小王──
阿健：為什麼不能同時擁有兩種愛情

愛情屬於獨占事業，不管愛男還是愛女，都是愛情的範疇。

阿健其實是我主動搭訕的，是同性戀在路邊看到帥哥，忍不住想去認識的那種放蕩搭訕。

阿健是運動員，而且是國手級的運動明星，長得很像原住民，有深邃的五官，還有同性戀最趨之若鶩的健美身材。

那一天，阿健剛好運動過量，腳受傷了，到我家附近的醫院就診。看完診，他就坐在醫院門口等朋友來接他。湊巧我經過醫院門口，眼睛一亮，就上前找話題跟他聊天，然後交換通訊軟體，保持聯絡。

一開始我敲他，他其實沒有很愛搭理，可以看得出來他應該是個直男。直到有一次，他說學校有教怎麼按摩，因為運動員在比賽之餘都會互相幫忙放鬆肌肉。我說自己也常去按摩，工作壓力大，很愛去放鬆一下。他很高興地問，那可不可以幫我按，然後我把按摩的費用給他，我當然好啊。

原來阿健是南部上來的學生，運動員練習的時間很多，也很不固定，所以沒時間打工賺錢。我可以讓帥哥按摩，而且是專業的，何樂而不為？

固定幫我按摩後，阿健又問我，家裡都是誰在打掃？我說自己掃，但我常加班，所以有點亂。他說也可以幫我打掃，只要算時薪就好。

也太想賺錢的小朋友，當然我又答應他了。

而且我還介紹其他同事請他打掃家裡、幫忙按摩，他儼然成為我同事的居家小幫手。

↵

有時候，人的緣分就是很突然。

不久後，有一次我生日，生日的前兩天剛被男朋友提分手，所以那次生日聚會朋友們就選在KTV幫我舉辦，讓我可以好好吼一吼哀歌。那天也約了阿健一起來。

失戀生日趴我當然喝了很多，也哭得唏哩花啦。朋友們看阿健是在場最壯的小鮮肉，就拱他把我整個人抱起來。他就真的像舉重一樣把我整個人托起來，然後送我回家。

我問他：「你幹嘛對我那麼好？」他害羞地說：「不知道。」

我趁機告白：「那你跟我在一起好了。」

他突然沉默，然後拿出一面他上個月比賽得到的全國冠軍金牌。他說本來想送我當生日禮物，不然現在當定情禮物好了。我們就真的在一起了。

後來按摩跟打掃，就不好意思再麻煩他，他改到我們公司當展場工讀生。

我以為直男會很怕讓別人知道自己轉性，當同志很害羞。沒想到他到公司後，大方地到處承認他是我男朋友。

隔年，他開始集訓，準備新年度的比賽。集訓是到中國的城市，所以我們就變成遠距離。等他集訓回來，緊接著就是全國比賽。

他的比賽在臺中，我一直想去看比賽，為他加油，但很奇怪，他一直不願意讓我南下看他。他說他的指導教練都在，我去觀賽會很怪，於是我只能透過電視關心他的賽事。

沒想到，他比賽受傷了。

看到新聞我嚇了一大跳，打了好多電話他都沒接。我只好緊急坐車南下，去飯店看他的傷勢。

等在飯店看到他時，他是哭著跟教練一起進來。我上前要安慰他，他卻一直叫我離開，趕快回臺北，甚至還動了怒。

我想，這時候他心情也不好，就自己默默地回臺北，因為他好像因為受傷後從此不能再比賽了。

幾天後結束所有賽程，他也回到我家。

回家的前幾天，他幾乎每晚都去找哥兒們喝酒，我也就順著他的意。

直到有一天，他又醉醺醺地回家，奇怪的是他這次沒有倒頭呼呼大睡。他說要洗澡，結果躲在浴室大約快一個小時，我隱約聽到他在浴室用手機跟別人通話的聲音。

沒多久他就睡死了，半夜電話一直響，我幫忙接起電話，另一邊傳來一個女孩子的哭聲。

那女孩說，他們在一起三年了，她不想要分手，她還愛著阿健。

我才恍然大悟，原來我是第三者，原來我才是小王。

我等到隔天阿健起床，才跟他攤牌。

他說，那女生是他大一認識的女孩，是臺中人，所以才不希望我下臺中。

他真的已經打算跟她分手，因為他想好好跟我在一起。我說你這是劈腿耶，阿健回我一個讓我不知道如何思考的邏輯。

阿健說我是他男朋友，那女孩是他女朋友，不一樣的情感，這樣不算劈腿。

我有些哭笑不得，但我心裡真的過不去，就跟他分開了。

多年後，我跟阿健見面，又聊起當年。

阿健說：「跟男生的愛情是一種互相仰賴的精神依靠，而跟女孩是一種被需要的成就，但為什麼這兩種愛情不能同時擁有呢？」

我想，**愛情屬於獨占事業，不管男女有多不同，都是愛情的範疇。**

彩虹大叔說愛：

有一種愛，叫占有。

最終的愛——

佑佑：剛剛好到來的幸福

能讓一個人開心是一種慈悲，
而讓自己開心則是一種智慧。

認識佑佑，可以說是因為小S的《康熙來了》。

佑佑是很乖巧的小孩，雖然他高中就跟家人出櫃，但因為父親是牧師，媽媽是全職輔佐牧師的牧師娘。為了牧師家庭的形象，他生活上只能過得像個清教徒一般，完全不敢交往任何男朋友，甚至連同志朋友也不敢認識，只能乖乖在父親的教會負責司琴。

大學畢業，服完兵役，他覺得在這樣的花花世界，要服從父母的宗教禁欲是很痛苦的。佑佑甚至一度希望挖掉雙眼，讓自己不再被男體吸引。

於是他毅然決定去跑船，雲遊世界，眼不見為淨。

當貨櫃船靠港時，異性戀的船員是拚命往城裡體會燈紅酒綠的肉欲世界，只有他永遠在不同的海邊咖啡廳聽音樂。

很快的，他就升上船長，算是臺灣最年輕的船長之一。

當上船長後的佑佑，有一天休息回家，覺得自己手腳都很冰冷。牧師娘說：「我來給你溫暖。」但佑佑趁勢跟媽媽說：「家人的溫暖永遠比不上愛人的溫暖。」

聽到這句，我一直覺得也太經典了吧，佑佑根本像在說電影臺詞一樣。

後來牧師娘覺得孩子長大了，也要尊重他的性取向，就同意他交朋友。

人生的緣分真的很奇妙。

佑佑因為長年在船上，沒有網路，沒有電視，所以他只能錄一堆《康熙來了》在船上看。而當他打開交友軟體時，第一個認識的人就是上過《康熙來了》、被小S猛虧的一位同志算命師。因為在節目上看過算命師，又出現在交友軟體，倍感親切，所以他們就約了見面。

約見算命師朋友，當然不能免俗地要看一下命盤，很巧的是，那算命師剛好是我朋友，幾天前也剛好看過我的命盤。

算命師很訝異地說，他覺得佑佑的命盤跟我實在太配了，隔天就約我們見面。

↵

跟佑佑認識時，我已經四十五歲，戀愛經驗當然是身經百戰。而佑佑三十四歲，從來沒有談過戀愛，因此這種誤入叢林的小白兔就變得非常可口，很快的，我們就在一起了。

跟處男談戀愛，真的是很特別的經驗。他三十四歲才碰到男體，所以對男體的新鮮感與好奇心太敏感。例如，我跟他出門，如果牽他的手，他會馬上有反應，整個褲子看起來就很礙眼，所以共赴一些場合時，我只能離他遠一點。

三十四歲才破處，愛欲有時真的會異於常人。兩人剛同居時，我半夜起床，常看到他在黑暗中目不轉睛盯著我的身體，不睡覺就算了，手還不安分地做一些自娛的事。

處男也真的比較會吃醋，像我們彩虹圈的人特別愛擁抱，如果我跟小男生告別時抱一下，他就會撲克臉一整天。他還會把我電腦的所有檔案，包括相片、影片、文章等所有資料，拷貝到他的電腦，然後慢慢讀取他還來不及參與到的前半生。如果有比較親密的照片，他就會打破沙鍋問到底，想知道那人是誰。他還逼問我所有密碼，也把自己的密碼改成跟我的一樣。他說，這樣我們就可以沒有祕密。

我們的同居簡直是一場預謀，有一次他來我家說要幫忙遛狗，我鑰匙就交給他帶出門。回來時，他已經多打了一副鑰匙，然後無聲無息地搬進我家。更絕的是，他直接搬進來，沒有帶任何衣物，全都穿我的衣服。他說，這樣我們才會是一體的。

處男的進擊，猛吧。

在一起後，佑佑又跑了一年的船。

有一天，我單獨去看他爸媽，牧師娘說：「你們對未來有沒有打算，不要因為是同性戀，對於兩人之間的感情就當兒戲，熱戀之後終究還是要進入婚姻。」

我才驚覺，原來我也可以擁有像一般異性戀般的婚姻生活。**只要是對的人、對的家庭，愛情沒有什麼不可以。**

不久佑佑靠岸，我就跟他求婚了。他也為我申請轉陸勤，變成陸地上的船長。

我們先在臺灣辦婚宴。婚禮就跟異性戀夫妻一樣，我們也拍婚紗照，請牧師證婚。晚宴也像所有臺灣人的婚宴一樣在餐廳舉辦，門口收紅包，有主婚人，有證婚人，全場家長陪著我們敬酒，拿著喜糖送走所有賓客。因為我想讓大家知道，我們的婚姻是一般的婚姻。

半年後，我們在紐約登記結婚。

當第一次有法律效力，以夫夫的婚姻關係一起通過海關時，美國的海關看到我們的證書及眷屬簽證，給我們一個看起來很幸福的微笑。

佑佑笑得更是開心。

能讓一個人開心是一種慈悲，而讓自己開心則是一種智慧。

愛人需要學習，被愛需要勇氣。

我心想，不管我在多少人面前是個渣男，你在我面前是幸福的笑就足夠了。

愛情沒有先來後到，剛剛好到，才是真正幸福的來到。

彩虹大叔說愛：

有一種愛，是你。

第二篇

這都不是愛

感到受傷、出於寂寞；

情緒勒索、掩蓋真我；

搶來的、用錢換來的、迫於霸權的，

這都不是愛。

↵

↵

Enter

我的第一次——阿振表哥：不是我的錯

如果有人告訴我，
身體的自主是珍貴的。
也許我會懂得拒絕。

其實，很多同志朋友在認識自己性取向的過程中，第一次都是跟日常周遭的人有關。如果自己的第一次發生在未成年，甚至在孩童時期，這早發性的性經驗算性愛嗎？還是就是一種性侵？

很難想像，我人生的第一次性接觸，竟是在我幼稚園的時候，完全就是心智未成熟的年齡。如果我沒有記錯，應該差不多是七歲，或者更小，因為我那時還那麼小，根本記不住太多事情。

印象中就在一天午後，我的一個表哥，大約十八歲左右，那時候他好像在工地工作，開車說要載我出門，不知是兜風還是工作，因為他開的是貨車。

在車上，大哥哥叫我把褲子脫掉，他說，他要看我的尿尿童子雞長大沒。然後我表哥就這樣一面開車，一面把玩我小小的尿尿童子雞。

其實當時我好像也沒有害怕，只是覺得很新奇。對，就是「新奇」這字眼，既新鮮卻又奇怪的感覺。表哥那粗粗壯壯的手把玩我時，我是很舒服的。

從那次開始後，他就經常帶我去他家午睡，他會拿我的手去摸他很健壯的胸膛，一手把我抱得緊緊的，胡亂磨蹭。但我記憶中好像都只有摸摸抱抱，沒有太激烈的動作。

↵

我忘記這樣的關係持續多久，但我依稀記得總是很期待跟他獨處。

有一次，我爸媽去香港玩，把我們小孩都寄養在表哥家，我心裡好開心要過去住。睡覺時，就跟著表哥躲在棉被裡亂摸一通，沒想到阿姨突然進來房間，我只敢躲在被子底下，動都不敢動。最倒楣的是，阿姨進來房間時，還一面跟別人說話，我就這樣悶在被子裡躲了將近半小時，差點剩半條命。

等我長大後常常在想，表哥他到底是不是同志？他是戀童癖嗎？還是他只是寂寞青春期找個宣洩？我印象中他好像交過女朋友，但這些都已經沒有答案了，因為表哥當完兵退伍後，就因為一場意外過世了。去世的原因，聽說是跟當兵的朋友去喝花酒，為了小姐爭風吃醋，跟別桌的起衝突而被誤殺。

如果你問我，我後來變成同性戀，跟這有關嗎？

我自己也想了很久，說真的，我不知道。

因為在肌膚互相碰觸的當下，我的感覺是愉悅的，是享受的。當表哥用厚實的手玩弄我的小童雞雞時，我是享受當時的碰觸的。甚至有時候獨處時，我會想念他的撫慰，這更是我害怕的主因之一。

但我也依稀記得，當我年紀小時，我很喜歡看女生大大的胸部，甚至還一直發願，長大要娶白嘉莉為妻。可是我又有印象，在記憶裡，我看到卡通《小甜甜》時，想要擁抱的卻是安東尼。

等進入青春期，我第一次喜歡上一個男生時，竟然會渴望跟他像我表哥一樣發生那些愉悅的接觸經驗。

我覺得是不是同性戀，這些跟基因及染色體是有關係的。但**這些該自我承擔的情感選擇，應該是等成熟之後，遇見一個人，想跟他或她廝守一生時，這才是真正的選擇。**

↵

當我們都還是小朋友時，這些童年被強迫發生的性接觸，其實是不對的。

如果有人告訴我，身體的自主是珍貴的。

如果有人告訴我，男男、男女、女女的感情都是對的，但要等待自己長大成熟後再去選擇。

如果有人早點告訴我，不要剝奪我知道的權利，也許我會懂得拒絕我的表哥。

因為往往大人羞於開口或者不願說的這些事，就是小孩子們最害怕、最暗黑的部分。

我跟爸媽的感情都非常好，溝通無阻，但就是因為不懂這些黑暗面所隱藏的意義，其實不骯髒，也不病態，所以我不敢開口說，不敢開口問，都不是我的錯。

我的第一次，真的太早了。

但我不再責怪自己，也不會把所有的錯都歸咎在沒有保護我的大人，還有表哥身上。

人不論感情層面或是生活發生錯誤的事，時間不一定沖得走。所以我選擇的不是忘記，而是努力讓他們活在記憶裡。

因為每個人一生都會遇見很多的不堪，我們不必勇敢面對，也毋須忘記，只要**讓那些不堪都存入生活中的養分，因為養分會讓我們下一次更好。**

沒有錯誤的過去，就選擇不了正確的未來。

彩虹大叔說愛：

不是出於自願的，不是愛。

這是亂倫啊——

阿權堂哥：不是你的情人

以為家有最安全的保護傘，
其實是最容易受傷的地方。

我是生長在一個大家庭的小孩。

爸爸跟他的兄弟姊妹合蓋樓房，包括兩個大伯，還有一個姑姑，四個大家族就住在兩棟連在一起的三層樓房。我爸是老么，四個家族的表哥表姊、堂哥堂姊，加起來就有二十幾個人。

那應該是在我國小三、四年級左右吧。

我的一個堂哥退伍回來，他讓我首次經歷激烈的「性動作」。

我常在想，是不是小男生在未發育之前，性特徵沒有明顯的顯露，所以會呈現很中性的樣貌。也因為很中性的樣貌，大人對男孩又沒有像小女孩那麼多的顧忌與照顧，所以很容易被年長者當成洩欲的工具。

就在堂哥剛退伍還在待業的時候，可能是因為無聊，而我又是家族最小的男孩，所以堂哥每天都跟我混在一起，帶著我到處趴趴走。

就在暑假的某一天，大人們都去上班了。可能那天真的太熱，我們沒有出門，他帶我去他房間玩耍。

也不知道為什麼，玩著玩著，他就把我壓在床上，因為之前堂哥對我都很好，所以我也不敢有太大的掙扎。或許因為我沒有太大的掙扎，堂哥就肆無忌憚地在我身上一直磨蹭。

堂哥還說，因為很熱，所以他把我跟自己的衣服都脫掉。

然後兩個赤裸的身體就一直來回磨蹭。其實當他一直磨蹭，我真的不懂他到底在磨蹭什麼？只知道他好像很興奮，後來他越來越激烈，一陣抖動後他就停止了。後來堂哥好像發現有些東西沾到我的內褲。他就拿起我的內褲一直用衛生紙猛擦，邊擦還邊問我，內褲可以丟掉嗎？我怕爸媽罵，說不可以。

當時的我真的不知道他到底在清潔什麼，一直很困惑。直到國中我想起那一幕，才知道他應該是射精射到我的內褲，怕家人起疑，才努力清潔。

其實說真的，我這個堂哥長得算是家族裡最帥的，而且剛退伍，身材保持得結實壯碩。雖然說國小生對愛、對性、對道德，已經似懂非懂，但我當時內心感覺竟然是開心的。

↵

那次之後，我堂哥就常常跟我私約。

白天他總愛騎著機車把我載在前方，一面抱著我，一面騎車。然後到晚上就會囑咐我，等爸媽睡了再偷偷去他房間。我還傻傻地每晚都等家人睡著之後，躡手躡腳地摸黑走到他房間。然後被他扒光衣服，做很多我覺得奇怪的動作。等到他發洩完，才又偷偷回到我房間。

跟堂哥的這種特殊關係維持好多年，直到國小畢業前，他們全家搬到其他地方，才結束這種關係。

他要搬走的前一晚，還叫我無論多晚，都要去他房間相會。

那天晚上，他整晚都把我抱得超緊，我很害怕地說，我快不能呼吸了，他才放手。

↵

幾年後，堂哥結婚生子，一家都搬到北部去，所以我們幾乎都沒有再見到面。聽家人說，他們夫妻很恩愛，所以堂哥應該是標準的異性戀。

說真的，當我聽到親戚們講關於堂哥的事情，我情緒一點起伏都沒有，對於堂哥，我只覺得好怪好怪。

出社會後，有段時間，我也嘗試交了女朋友。就在一次一個親戚的婚禮中，我們遇見了。

那時我帶當時的女朋友去參加婚禮，堂哥也帶著堂嫂一家人。我跟堂哥打招呼並介紹女朋友，結果堂哥一臉不屑地看著我，一句話也不說。

婚禮快結束時，堂哥一個人跑來偷偷跟我說話。他輕蔑地問我：「你這樣還能交女朋友啊？你不是只愛被上？」

那句話其實讓我心裡很受傷，也很難過。

是你在我未成年時，讓我誤食禁果，你都結婚了，我為什麼不能交女朋友？我當時只是個小孩，不是你的洩欲工具，更不是你的情人！

在親友的婚禮不想有太多紛爭，所以我什麼話都沒有說，轉頭就默默離開。

但是堂哥，你知道你對我做的事，叫做亂倫嗎？

有時候在大家庭，以為有最安全的保護傘，其實是最容易受傷的地方。

當一個人心智尚未成熟，每一種愛都可能是危險的愛。

彩虹大叔說愛：
讓你感到受傷的，不是愛。

我們不是師生戀——阿利老師：愛不該有階級利害關係

是我有什麼問題嗎？為什麼會選上我？如果當時的教育有教我們，我會更懂得保護自己跟拒絕。

一段美好的愛情，我覺得至少要建立在某些必須的要素上。除了雙方心智成熟，了解愛是什麼，雙方的地位也應該沒有利害關係，沒有階級。如果不是這樣，我覺得都有性侵的風險。

我國一那年因為比較好動，被學校徵選去演了一齣舞臺劇，參加全國中學的話劇比賽，而且還是演男主角。因為演出成功，還得了獎，我突然成為學校的風雲人物。

有一天，一個不認識的學長跑來教室找我，說有一位老師叫我去他辦公室。

我心想，是不是我闖了什麼大禍，立馬跑去教師辦公室。

結果是一位完全不認識的生物老師找我，據說是學校有名的嚴師。

生物老師劈頭就對我說，我演舞臺劇很可愛，可是這樣會影響學業，所以他要免費幫我補習。

蛤？我有沒有聽錯？免費？

雖然滿腦子狐疑，但礙於他是老師，我又家境清寒，所以就答應了。

老師第一次幫我補習，根本還沒講到什麼課程，就現出原形。

那天我去他自己開設的私人補習班，按了門鈴，只有老師一人在。

他直接帶我去樓上，我還傻傻地問，怎麼沒有其他學生？老師說要幫我個別指導，進步比較快，我「喔」了一聲，納悶地跟他上樓。

老師就在他的辦公室幫我輔導，他一直靠近我，越來越近，還把我抱到他大腿上教課。我掙扎時，他說他有老花，所以抱著我比較好教課本的資訊。

我真的很害怕，也很抗拒，但畢竟他是老師，我也不敢太激動地拒絕。

在那個年代，尤其是南部，打罵教育還盛行在高雄的時代，爸媽不一定會打我們，可是升學班老師的藤條永遠都是學生們的夢魘，老師就像天一樣，我們做學生的只敢說是，絕不敢說不。而且他的辦公桌旁就硬生生地放了一根打人的大藤條。

沒多久我的衣服就被扒光，然後身上沾滿他的精液。

他很常找我，甚至連在學校午休都不放過。他會叫我去他班上，然後在教室後面的導師位子上抱著我，而我只能面對他們全班趴著午睡的後腦勺，承接他滿滿的精液。那一年我才國中二年級，十四歲。

老師很愛打電話到家裡找我，然後說一些噁心的話。說什麼很想我、很愛我，問我有沒有想他等等，在拿著電話筒的同時，我的手是顫抖的。

他也常常逼問我愛他嗎？我很想反問老師，我們相差四十歲耶，你覺得呢？依那時候的心智成熟度，我根本不知道什麼是同性戀？連愛情是什麼我都不懂。在這麼小的年紀，卻要我獨自面對這種感情與肉體的糾葛，說真的太難了。

老師其實已經結婚，還生了兩個小孩。所以當我慢慢長大成熟再回想，老師應該是同性戀，但迫於當時傳統的社會壓力，而逼自己結婚吧。在同志愛情沒有宣洩的出口下，只能轉而對自己的學生下手，也讓自己變成戀童癖。

我國中畢業終於脫離老師的魔掌，慢慢長大後，也比較會保護自己。

在當兵的時候，我當的是傳令兵。有一天晚上，一位人事官喝醉酒，突然跑來房間撲向我，要強吻我，我二話不說就衝出房間，往其他長官房間躲，順利逃過一劫。

因為長大後懂事了，我知道身體是要自主保護的。

每次跟國中老師完事後，我都會覺得自己很髒。

是我有什麼問題嗎？為什麼會選上我？

有一陣子我幾乎封閉自己，媽媽常說，在國中時，我每天躲在家裡玩積木跟恐龍，就算媽媽叫我出門，我也只會走到巷口，就走回來說我出過門了。

慢慢地長大後，自己交了男朋友，也談了戀愛，我就不再恨老師了，反而很同情他。

如果當時的教育告訴我們，同性戀不是病，我想老師不會隱藏自己的性向，而去娶一個不愛的女人，過著痛苦的日子，然後讓自己越來越病態。如果當時的教育有教性別平等，懂得維護性向人格尊嚴，我想老師也沒有機會對學生下手。如果當時的教育告訴我們，性別平等除了保障男女平等，涵蓋不同的性傾向、性別認同、性別氣質等保護平等權利，我就不會有一個整天害怕想自殺的童年與少年時期。我會更懂得保護自己跟拒絕。

如果有一天，我又遇見了老師，我會很平靜地跟他說：
「老師，我們不是師生戀，是你性侵我，你真的應該看醫生。」
有時候霸權的一方，常常以為給對方的是愛，其實那不叫愛，而是恐懼。

彩虹大叔說愛：
迫於霸權的，不是愛。

不斷找甜心老爸的直男——

徒弟：感情沒有真假，只有給或不給

我說，你這樣永遠沒有真感情。
他說，感情沒有真假，只有給或者不給。
他給了對方要的青春肉體，對方給了他要的金錢。
兩不相欠，就沒有欺騙。

他是我在男男同志按摩店認識的。
那天他幫我按摩時，聽說才剛滿十八。
他的外號叫徒弟，是一個長得很秀氣卻又帶點痞子樣的小男生。但說真的，他看起來比實際年齡大很多，我當時以為他已經二十五歲以上了。但他的皮膚非常好，簡直吹彈可破，所以我相信他只是有一張成熟的臉。因為他按摩十分認真，很會精準抓到痠痛的穴道，所以我們就慢慢從常客變成朋友。

有段時間他突然消失了，我打很多通電話，在通訊軟體上留言，總是找不到他。

過了一年半，他又出現，他說他結婚了。

↵

聽說他結婚，我很驚訝地問，是男是女？

他說是女的，還給我看相片。

原來他是異性戀，他到同志男男按摩店工作，只是為了賺生活費。

他說，他是孤兒。

他媽媽因為被男朋友拋棄，然後生下他，所以把他送到給孤兒院，後來才給現在的養父養母帶大。

他之前之所以努力自己出來賺皮肉錢，就是想要去找親生媽媽。後來終於找到，所以才離職。沒想到他的親生媽媽說，他是她青春歲月荒唐的印記，雖然很對不起，但她已經有新的家庭，希望他們不要再聯絡。

我問他會不會很傷心？他說，他一直很怕失去，很怕什麼都沒有了。但真的失去後，他竟然連哭都哭不出來。只是從那天開始，他都必須靠藥物才能入眠。

他認識他老婆之後，才真正有一分歸屬感。

我看他的結婚照，總覺得有點怪怪的，就好像母子照一般。我問他，他老婆是不是年紀比他大？他說老婆整整大他二十八歲，他養母因為這件事，還幾乎跟他斷絕關係，不准老婆進家門。

果然，我覺得這根本是一種移情作用，對現實生活的失去母愛，在情感上另外尋求的一種補償。

沒多久我就經常聽說，他跟他老婆吵架，吵到要離婚。

他說，結婚後為了疼愛老婆，幫老婆還債，讓老婆揮霍，共組一個家，卻把所有積蓄都花光。他沒有學歷，工作不好找。老婆年紀大了，更難有好的工作。

後來他老婆竟然去林森北路當陪酒小姐。因為老婆陪酒不能開車，他們又被家人趕出來，只能住在老婆娘家宜蘭，他只好每天載老婆上下班，這樣他更無法工作了。

兩人的爭吵越演越烈，他每天懷疑被戴綠帽，天天用手機定位看老婆是否去汽車旅館，夜夜在車上無盡地等待老婆下班。

終於，他爆發了，一發不可收拾，躁鬱症發作，動手打他老婆，兩人就訴請離婚了。

離婚後有一天，我陪他去看躁鬱症找醫生拿藥。他在櫃檯前突然嚎啕大哭，倒在地上，哭到肝腸寸斷。那一年，他也不過才二十一歲。

後來他又去做同志的男男按摩，聽說是比較重口味的那種，也算重操舊業。

他過著日夜顛倒的日子，我們也就很少聯繫了。

有一天他又突然來找我，問我企畫案怎麼寫，於是我把一些格式寄給他參考。

原來，他認識了一個日本中年男子，聽說是大老闆，在日本經營的企業頗具規模。他寫了企畫案，說要開公司，那個老闆還要投資他。後來他在臉書上的狀態就顯示跟那位日本男人穩定交往。

沒多久，他又交了一個在刺青店工作的女友，然後被女生騙走所有的錢。

又沒多久，他臉書又換成跟一個澳洲老男人穩定交往。我私訊問他怎麼回事，他說這澳洲人是他新的乾爹，很有錢，準備了一百萬要投資他。

騙完新乾爹的錢，他又交了一個女朋友。結局還是又被女生騙光，哭著來找我。於是我們見面了。

他說，乾爹們都只想得到他的身體。他的人生都這樣讓大家看不起了，也沒什麼好保留的。他只想要變成有錢人。

他不斷找甜心老爹，從他們身上挖錢。然後再找個自己喜歡的女生，這樣女生就不會因為錢再離開他了。但女生騙光他的錢，還是又離開了啊！

我說，你這樣永遠沒有真感情。

他說，感情沒有真假，只有給或者不給。他給了對方要的青春肉體，對方給了他要的金錢。兩不相欠，就沒有欺騙。

我已經無法判斷，他說的究竟是對還是錯。在他經歷的這些事中，我很難再以世俗常人對感情的看法來勸他。

離開前，我給他一個大大的擁抱。我跟他說，也許人生很多不如意，但回家看看他的養母吧，也許你能感受到一些比較真實的情感，生、養都一樣珍貴。

道別時，看著他離開的背影，他手臂跟脖子已經布滿刺青，就像傷痕一樣。

當心裡的傷痕太密集時，最內在的真心也許已經顯現不出來了。

彩虹大叔說愛：
錢換來的，不是愛。

跟男人同時愛上一個男人的女孩——學藝：只是捨不得

有時候不是捨不得，
只是不希望自己曾有的東西落入別人口裡。

我曾經跟一個可愛的大學生交往，他的年紀幾乎都可以當我兒子了。

大學生男友是我在辦展覽時的現場工讀生，因為他長得很可愛，工作又非常認真，工作之餘我就跟他多聊幾句，慢慢地日久生情。

那時候他剛分手，分手的女朋友是他們班上的學藝股長，所以每次我們聊天，都會以「學藝」來代稱他前女友。

那年他來打工時適逢寒假，年輕人愛跑山，所以下班後，我們都會相偕去山上看夜景、聊聊天。

因為剛失戀，他在閒聊時都會聊到學藝對他做過很過分的事。我就趁勢問他，那你會想交男朋友嗎？我很願意照顧他。大學生說他要回家想想。

過幾天，我們就決定在一起試試看。

沒想到，當學藝知道我跟大學生男友交往後，激發了她競爭的本性。

突然，我就常常看到大學生男友在接她電話；突然，學藝她家就出了很多事，不時要我小男友幫忙；突然，學藝的摩托車經常故障，要別人載她。

大學生男友是個運氣很不好的人，每次想騙我，都會被我逮個正著。

他說要跟同學去圖書館念書，我路過圖書館，就看見大學生男友跟學藝兩人在花園前你儂我儂，表演餵食秀。

更巧合的是有一次下班，我從信義區坐計程車回家，停紅燈時，剛好看見大學生男友載著學藝，也停在路口。

正式攤牌的那天，我一個人去夜市吃東西。結果一到夜市路口，一對小情人機車就停我前面，原來是大學生男友跟學藝。

我當下非常生氣，還問學藝這個小女生說：「妳不是跟他分手了？妳不是知道他改交男朋友了？為什麼還要黏著我男友？」

學藝說了讓我覺得「原來現在的小女孩真的很不簡單」的話。

她說，愛一個人就是要相信對方。如果有太多的懷疑跟戒心，就不是真愛。

我說，我不是不相信，只是你們既然分手了，為什麼還要去破壞別人的愛情？

她又說，叫我一定要相信她，他們只是普通朋友，她絕不會介入，因為大學生男友已經變成同志了，她怎麼可能回收。

但之後越來越誇張，學藝的手段讓我嘆為觀止。

跟大學生男友和好後，我們一起去海島國家度假恩愛。

沒想到學藝可以隔著越洋電話，開始瘋狂地說她生病，爸媽施暴等等，不可思議的情節每天上映，直到我們回臺。當然可想而知，大學生男友下了飛機直奔學藝家。

於是我們分手了。大學生男友也跟學藝重新在一起。

我傷心了好一陣子，但也慢慢想開。

過不到半年，有一天半夜，大學生男友突然來找我，說想跟我借車。

原來學藝跟她在一起之後，轉學到宜蘭大學唸書，所以他們是遠距離戀愛。前一天學藝突然消失快四十八小時，他電話怎麼打都沒人接。他還去學藝爸媽家找人，爸媽也說她沒有回臺北家。所以他想去宿舍看看她是不是出了什麼意外。於是我就陪他半夜開車去宜蘭大學的校外宿舍。

門一打開，我們看見學藝跟她學長在房間。

於是上演我幫前男友去抓姦他現任女友的戲碼，而且現任女友是我們之前的小三。人生如戲，戲如人生啊。

↵

那一次，大學生男友就跟學藝分手了。

我們也沒有復合，但因為這次幫他抓姦，我想他也夠可憐，所以我們又變成好朋友。大學生男友也交了新女朋友。

男人是種很奇怪的動物，總是經常跟某些前任糾纏不清。有一天，銷聲匿跡的學藝突然跑來加我臉書，而且我發現共同朋友正是大學生男友。

我約了一場飯局，只約學藝跟大學生男友。

我開門見山就說，學藝妳真的別再當小三了，大學生男友已經有新女友，妳有好的男人，真的快嫁。

大學生男友在一旁聽了，很尷尬地說，他們只有吃吃飯、見見面，沒有交往。

我說，當年學藝也是這樣，見面久了，就會越軌。

學藝說，她捨不得這個朋友。

我說：「妳不是捨不得，只是不希望自己曾有的東西落入別人口裡。」

她辯解了一大串，大學生男友在旁邊也聽得頭頭是道，甚至還感動得深情望著學藝。

我其實很想問學藝，為何他變成同志，還會想回收？大部分的女生知道另一半碰了男人，很少願意再復合。

但我知道，她永遠不可能說實話，所以我就沒問了。

我知道她只是很愛獵食別人口中食物的女孩。不管獵物變成什麼模樣，只要曾經是自己的，永遠都要屬於她。

愛情有時候還是別人手上的那一份最甜蜜。

彩虹大叔說愛：

搶來的，不是愛。

母親反同、遠嫁英國的表弟——閃亮：媽媽要的給不了

一個好好的家庭，很幸福的家庭，只因為對於不同性取向認知的歧見，可以鬧到二十年不相見。

我表阿姨是很強勢的母親。從小家裡就有錢。外公過世得早，外婆只有繼承了一小塊農田，而外公的醫院就給了自己的弟弟，也就是我表阿姨的爸爸。我表阿姨很少來我們家走動，所以跟他們家不熟。

認識我表阿姨的兒子，也就是我表弟閃亮，是一段很特別的經歷。

有一次，我一個人跑去朋友的餐廳吃飯。我還記得那家餐廳叫「桃花源」，

是當時著名的同志友好餐廳。所以大家在那裡比較放鬆，甚至不同桌的朋友也會互相聊天搭話。

那天餐廳裡好像只有我跟隔壁桌的男生，我於是很隨興地跟他聊起來。沒想到兩人話題一開，沒完沒了，聊到餐廳打烊，我還騎車載他回租屋處繼續聊。

寫到這裡，一定很多人以為我喜歡這男生，其實一點都沒有，兩人聊得太愉快到彼此覺得一點火花也看不見。

後來我們就變成死黨，到哪裡都要一起約出門。

他說跟自己母親不和，因為媽媽發現他是同志，開始瘋狂打罵跟羞辱他，爸爸只好叫他搬出來自己一個人住。因此跟我這個在臺北念書沒人管的剛好作伴，成天瘋狂。

有一天，他突然叫我陪他回父母家。爸爸要他搬回去，他很不安，希望我能陪他回去。到了他家，他在房間整理東西，我單獨跟他媽聊天。聊著聊著才知道，他媽媽原來就是我阿姨！之前太少見面，完全無法拼湊。

阿姨說她在法院上班，是政府機關的雇員。所有同事親戚都知道她就這麼一個獨生子。當她生下我表弟時，就盼望有一天看到獨生子帶個媳婦回來。怎麼突然發現他喜歡男生，要跟男生生活呢？

阿姨邊說邊哭，我看見表弟就站在房門口，無可奈何地看著客廳。

表弟閃亮搬回家，跟我阿姨還是爭執不休。阿姨逼了好幾次相親，想想閃亮才二十出頭就要相親，是有點誇張了。沒多久，閃亮就跑去日本念書了。

閃亮在日本躲媽媽的相親，縱使千萬個不願意，畢了業還是要回臺灣面對。

回臺後我問他，阿姨還有再安排相親嗎？閃亮說自從日本回來，他媽媽改變策略，不再直接介紹女朋友給他。但每個週日都會逼他一起去教會做禮拜，然後讓牧師帶著大家一起為他禱告。

閃亮說最好笑的是，每次只要他陪媽媽去教會，牧師講《聖經》的章節，永遠都會圍繞在同性戀違背上帝旨意的篇幅打轉，讓他哭笑不得。

閃亮受不了被親情綑綁的勒索，但就算每次離家出走，還是會被爸爸勸回家。在他心裡，他只想逃離這一切。

沒多久，他認識了一個英國人，大他整整二十歲。在臺灣他們認識不到一週，我都還來不及見到，英國大叔就要回倫敦了。

離開前，英國大叔對閃亮說：「跟我走，我在英國照顧你一輩子。」

就這一句話，表弟閃亮隨後便離家出走，跟著他到英國去了。聽說表弟走的當天，阿姨把表弟房間所有的東西都扔了。

↵

一晃眼，就是二十年。表弟後來定居倫敦，也跟那位英國大叔登記結婚，已經完完全全是個英國人。

前幾年，我去倫敦找表弟閃亮。我問他，都不會想念臺灣嗎？

他說，其實中間他曾經回去過。在跟英國大叔準備結婚的前夕，他帶著英國兒婿，想得到家人的接納，無奈阿姨像發瘋似的把他們趕了出去。

不過我姨丈倒是個明理人，他還跟英國兒婿一起吃飯話家常。姨丈不懂的是，一個好好的家庭，很幸福的家庭，只因為對於不同性取向認知的歧見，可以鬧到二十年不相見。

表弟說，這幾年英國大叔已經變成英國老人家了。身體變得跟之前差很多，行走也沒有很方便，所以表弟要負起照顧另一半的責任。雖然如此，在倫敦他們過著身分受到認同、很自在的生活。

我離開倫敦後，有一天表弟打電話跟我說，他要回臺灣了。

他說，我阿姨好像有一點老人失智的跡象，常常忘東忘西。他想回去看看，而且我姨丈退休後，身體好像也大不如前。

他說，爸媽老了，另一半也老了。彷彿歲月把所有愛的、怨的、衝突的都磨成一個平面。

但二十年真的好漫長。

原來，時間也不用你催，等待著總會看見你想要的。

彩虹大叔說愛：情緒勒索，不是愛。

一個沒出櫃的丈夫——

小項：受不了一人分飾兩角

他受不了一人分飾兩角。
但越逃避，越不敢面對現實的生活。
他沒有出口。他一直說他沒有出口。

中國有一千六百萬的女性，她們因為對於愛情婚姻的憧憬而結婚，婚後才發現自己的丈夫是同性戀或是雙性戀。她們被稱為「同妻」。

Netflix有一部美國連續劇，叫《同妻俱樂部》。講的是兩個女人嫁給一對同志情侶，四十年後才知道真相，離婚後相依為命的故事。

同妻的遭遇，真的很令人難過及同情。

她們為了傳統的婚姻價值，承受欺騙之餘的寂寞與空洞的生活，甚至可能一輩子都得不到丈夫的溫存，光是想像就覺得心酸。

但是，在同情同妻的遭遇跟譴責男同志騙婚的同時，我們是不是忽略了騙婚背後的另一種殘忍。

↵

我有一個朋友，他叫項。

認識項是在高雄的前金游泳池。那時候他在高雄服兵役，但家在桃園中壢。所以每次放假就會在游泳池畔耗時間，洗澡休息。而我暑假也是無所事事，整天待在游泳池，久了自然就成為朋友。

後來我上臺北念書，他也北上返家，我們兩人聯繫得更頻繁。

他跟我說喜歡男生，卻很害怕家人知道。

因為他爸是職業軍人，媽媽也是軍職。他家不容許有不一樣的性取向出現。

他的出櫃很意想不到。因為他的外表太「臺」，也太man了，真的很難把他跟同志連想在一起。況且他在我學生時期來學校找我時，在校園中還看上一個學妹，要我介紹給他。

後來我們變成好朋友，因為他不太敢跟其他人提起自己的性取向。

他一直都不敢去同志酒吧，因為怕遇見認識的人。

他平常總是躲在很深的櫃子之中。

因為學歷不高，所以項退伍後就在工地跟著工頭到處打工。

他說，辛苦的不是上班體力的勞動，更累的是每天下班需要跟那一群工作上的勞動朋友一起花天酒地。在酒家茶室中，還得表現出猴急地渴望那些女性特徵，演出毫無破綻的戲碼。所以他只要放假，就想來我這邊釋放他的無奈。

一個躲在深櫃的同志，除了我沒有任何朋友可以分享自己的性取向，想到這點我就很同情他，難以想像每天要假裝成另一個人跟四周的人對話，有多辛苦。

我突然想起，在念戲劇系時，學長姊每次演完一齣舞臺劇，就會癱在後臺，筋疲力竭。

我問老師，為什麼演戲這麼累？老師說：「當你要扮演一個與自己不同的角色時，全身的細胞都要改變，所以每一條神經都要用力地思考，才不會露餡。」

一齣戲頂多二個半小時，而人生的戲碼卻是每天二十四小時不斷上演。

於是我跟小項說：「我懂你的累、你的淚。」

過沒幾年，小項突然說要去中國。他說，他受不了掩蓋自己性向的精神折磨，所以去了教會，接受神的祝福。

教會的人很努力地要恢復他對女性的樂趣，他也覺得宗教好像真的有讓他慢慢掙脫對男體的誘惑。他要離開熟悉的地方，找一個適合自己的女孩。

出國前，我給他一個很大的擁抱，他在我肩膀上哭了。是那種用盡力氣把心肺都哭出來的那種嚎啕。

其實，我眼睛也紅了，真的很心疼。

不久，他娶了一個中國新娘回來。他結婚後，偶爾還會跟我通電話。但要約見面，他總是很難有時間可以跟我單獨聊聊。我問過他，在床上還適應嗎？他吱吱嗚嗚的總像要啜泣一樣，我就不好再追問下去。

慢慢的，聽說他生小孩了，慢慢的，他也就消失在我生活之中。

就在多年之後，有一天我在路上遇見小項的弟弟。他弟弟跟我說，小項因為吸毒過量，後來精神病發，現在在桃園一家療養院。

我當天就趕去療養院看他。

小項整個瘦了，他見到我時有點過度興奮，還瘋言瘋語說要把所有財產給我。一下問我帳號，一下又要把他的車子送我。

我讓他慢慢講，等到他比較冷靜之後，才緩緩跟我說。

他受不了一人分飾兩角。教會幫不了他，他為了逃避，開始吸毒。但越逃避，越不敢面對現實的生活。毒品讓他不能控制自己的肢體，壓力讓他不能控制自己的情緒。

他沒有出口。他一直說他沒有出口。

而現在，他離婚了。爸媽也丟下他。小孩跟了媽媽。

反而，現在他鬆了一口氣。

我們還是偶爾保持聯繫，有時候忙，我比較少有機會去看他。

有時他病發了，會在我的社群媒體瘋狂地亂留言，留很多我也看不太懂的情緒文字。我朋友就會私訊我說，這人到底怎麼了？

我都會一笑置之，不去刪除，因為我知道，這是他的出口。

再怎麼強壯的人，都該喘口氣做一下自己，偽裝永遠是生命最重的痛。

彩虹大叔說愛：
掩蓋真我，不是愛。

掰歪人夫——

黑仔：寂寞的直男

我問：「你會再結婚嗎？你再婚對象會想要男的還是女的？」
他很肯定地說，他還是會愛女生，他也想再找適合的女生結婚。
他說，對我的那分感情，只能算是人生的一個意外。

認識人夫黑仔時，他已經是兩個小孩的爸爸了。

我們是在朋友的聚會中認識，一個共同女性朋友的生日派對，據稱他還是那位女性壽星的前任追求者之一。

壽星朋友介紹我們認識時，還特別介紹我是出櫃的同性戀。人夫就很好奇地一直看著我。

那天生日派對是在ＫＴＶ舉行，他黏著我，還一直點歌要跟我合唱，整晚好像我是壽星般，猛要跟我敬酒。

隔天我早上起床，就接到壽星朋友的電話，說人夫對我很好奇，很想交我這個朋友。

人夫長得挺帥的，跟帥哥交朋友當然開心。只是我不懂的是，當晚我們就互相交換聯絡方式，為什麼還要拜託朋友來說是否可以當朋友？

所以直男的世界，連交朋友也要告白跟宣言嗎？

↵

不過人夫是很有心的人，認識之後，他時常打來跟我聊天。

那時正值夏天，天氣超熱，他會突然出現在我家樓下，送來一大碗水果冰。

他也經常找各種理由，說朋友送了特別的食物要拿來跟我分享。最扯的是，常常假日他老婆不在，他需要一個人帶小孩，就會把小孩帶來我家，跟我聊天。

有一次帥人夫打電話給我，他說覺得我應該跟他老婆認識當朋友，要約大家一起吃飯，搞得我好像小三什麼之類的要見大房。

他不是異性戀嗎？怎麼一副要納妾把我帶回家的樣子？但我還是硬著頭皮去吃那頓奇特的飯局。

他老婆跟小孩倒是跟我相處融洽，他老婆是單純的南部女生，總是一臉笑嘻嘻的，還一直問我為什麼選擇當同性戀？

我回說，同性戀就只是一種天生的性取向，沒有人是選擇當或不當啊。

人夫不是那種會約一大堆朋友出去的人，他總愛單獨約我。我們甚至還會兩個人去KTV唱歌。他先喝酒，靜靜聽我唱，輪我喝酒，靜靜聽他唱。

曾經有一次他喝醉酒，半夜哭著跑來找我。原來他與一個護理師出軌，但現在分手了，他說他是開心的哭，因為他覺得還是要回歸家庭。

當時我就覺得，他會把外遇的事情跟我說，也許是是因為很寂寞，把我當成好兄弟。可是他明明就有很多異性戀好兄弟，為什麼不跟他們談呢？直男的想法真是深不可測。

有時我們喝酒聊天，我會調戲他，吃他豆腐，他都會很緊張地逃開。後來更熟悉了，來我家聊天時，我假意要撲倒他，他幾乎都是嚇得彈開。也因此，我覺得跟他根本不可能有什麼踰矩的發展，他就是一個很寂寞的直男罷了。

↵

就在一個很冷的冬天，他有點感冒，跑來我家，想用我家的蒸氣室出出汗。我就問他，要不要在蒸氣室裡順便幫他刮痧？

也許因為蒸氣室兩個人袒裎相見，他突然轉身抱著我，然後吻上來了。

事後他跟我說，他其實一直很掙扎，可是沒有想到跨過去之後，是這般的美好。

當然，我們沒有交往，雖然他說他真的很愛我，我也覺得跟他在一起很開心，但他畢竟是已婚人士。

我們陸續約了幾次，也喝了好幾攤酒。一次又一次地理清楚，我們就當很好的朋友。

也許愛就是這麼特別，總是無預警地悄悄到來，然後又無聲無息地走開，有留下回憶就好。

世界真的很大，人也真的很多，你一輩子見過的人，可能只有地球人口的千萬分之一。更何況**你談過話、聊過天、認識的人，可能連全世界的億萬分之一都不到，我們怎能以自己看見的人來評斷這世界的遼闊**。

我們無法認識這麼多的人，又怎麼覺得能用一種簡單的方式把所有人分好類呢？異性戀、同性戀、雙性戀好像沒有那麼絕對。有時候動了心，性別就不會在你考慮的項目。

↵

一年後，他突然跟我說他離婚了。

但我也結婚了，跟男的。

我很小心翼翼地安慰他。他好像也沒有特別悲傷。

他說，目前只想好好照顧兩個小孩，好好工作。

我問：「你會再結婚嗎？你再婚對象會想要男的還是女的？」

他很肯定地說，他還是會愛女生，他也想再找適合的女生結婚。他說，對我的那分感情，只能算是人生的一個意外。

也許天下所有的愛情都是一場意外，因為我們總是無法準備好規畫愛情。

祝福你了，我的意外。

彩虹大叔說愛：

是寂寞，不是愛。

第三篇

竟也有
這樣的愛

食物都有這麼多種選擇了，

愛情也可以有各種嘗試。

↵

↵

↵

↵

Enter

我的鐵T阿姨——綢子：當性別與情感不同頻

一個一生一心都想要當男人的女性，卻命定必須活在傳統的社會中，適應婆媳關係，這種衝突，任誰都很難處理好。

綢子阿姨是我媽媽最好的朋友之一。在我還不懂兩性的區別時，就覺得她跟其他的阿姨們很不一樣。

她總是穿男裝，戴著一條很重很粗的金項鍊，聲音低沉，又很男性化。阿姨的動作更像江湖兄弟一樣海派，大口吃肉、大口喝酒，滿口三字經沒在掩飾的。

我媽媽是民國四〇年代頗具知名度的新劇演員，而綢子阿姨是媽媽的死忠戲迷。

因此，就算後來媽媽退出舞臺，嫁做人婦，綢子阿姨還是經常在我家進出，甚至跟我爸爸稱兄道弟。

我忘記我是自然而然叫她阿姨，還是我媽叫我們要喊她阿姨。我也忘記小時候到底有沒有對阿姨的性別感到疑惑。

阿姨還會帶很多其他阿姨來我家，她們幾乎都是男性的打扮。特別的是，阿姨們每個都抽菸，每個聲音都很低沉。

是不是在那傳統的年代，女性要跟男人爭一席之地，就必須改變自己外表的性特徵？

我其實從來都不知道完全像個男子漢的阿姨，到底有沒有交過女朋友，但常常聽她們說去有女生陪酒的地方叫小姐喝酒。

↵

阿姨其實已經結婚了，姨丈是外省老兵，很老很老的那種，你完全聽不懂他說的國語到底是哪一種地方腔調。我知道他們絕對不是假結婚，因為還生了兩個男孩。兩位大哥哥就跟一般傳統家庭的小孩一樣，也都結婚生子了。

但奇怪的是，我們很少看到姨丈，阿姨出門幾乎從不帶姨丈隨行。印象中唯一看過的一次，是我們去姨丈賣菜的市場找阿姨才看見。

聽說阿姨年輕時為了生活也曾下海過，在很鄉下的茶室，陪臭男人飲酒作樂。是那種要穿著中國式旗袍，打扮美艷的茶室酒家。

我沒看過照片，心裡卻很心疼，一生都想當男人的人卻要賣笑給男人，多委屈。

但會不會是阿姨陪太多臭男人喝酒，自己也武裝起來，讓自己變成臭男人的樣子？

後來姨丈過世，阿姨沒了羈絆，開始過自己想要的生活。

就是那段時間，綢子阿姨常帶著很多其他阿姨來我家，然後大肆嚷嚷說去了哪個酒家，哪間茶室的小姐很漂亮。她更是沒有牽掛地到處遊山玩水，沒多久，聽說她迷上一個歌仔戲演員，跟著那位演員去全省巡演。

那幾年，阿姨就很少出現在家裡，我心想應該是交到女朋友，不敢常到家裡走動吧。

後來阿姨好像有不少錢被騙光，於是又搬回南部跟兒子住在一起，我們又開始常常看見綢子阿姨。

也許是年紀大了，陽剛的阿姨突然硬擠了一份母愛。阿姨的大兒子已經結婚生子，小兒子因為沒有結婚，也住在隔壁。

阿姨像其他慈祥的奶奶般每天照顧孫子，還煮飯給小兒子吃。常看見阿姨很男性化地罵孫子三字經，卻又趕著煮飯照顧小兒子跟孫子，表情很衝突。

↵

過沒幾年，突然傳來綢子阿姨過世的消息。

聽說她是跳樓自殺的。

媽媽說，這幾年阿姨過得很不快樂，跟兒子處不好，跟媳婦也常吵架。

我總想，一個一生一心都想要當男人的女性，卻命定必須活在傳統的社會中，適應婆媳關係，這種衝突，任誰都很難處理好。

我很能理解阿姨跟兒子媳婦無法相處的困境。

這麼多年，我從來不敢在家裡說阿姨一定是鐵T，或許在那個年代，愛是一種很隱晦的情感。

我看過阿姨跟姨丈相處，兩人之間完全像陌生人，連眼神都是嫌棄，卻還要共枕生小孩。

我們這一代永遠不會懂那種心情吧。

性別是天生的，情感也是天生的。當一個人的兩個天生在不同頻道時，其他人能否可以更有同理心的與之相處？

因為人生角色不一定只有單一的模樣。

彩虹大叔說愛：犧牲，也是愛。

為了孩子走進異性家庭的同志——

艾德門：愛情早已不重要

怎麼不選擇他？去當別人的情夫小三算什麼？

艾德門幽幽地說：

「他能給我安定的生活嗎？可以給我不用外出、每天舒適的家嗎？」

認識艾德門是在我學生時代。他是泰國回來的華僑，但也算外籍學生。當時外僑世面比較廣，雖然還是學生，周圍交往的朋友已都是一些商界的成功人士。

嚴格來說，他算是我的情敵。因為我當時剛上臺北，暗戀一個臺大的學生。而剛巧這位臺大學生卻特別迷戀艾德門，於是我一直把他當成假想情敵，殊不知其實我連他的邊都沾不上。

但也因為把艾德門當成假想敵，為了知己知彼，我會特別想辦法跟他親近熱絡。後來我跟艾德門就變成好朋友。

↵

艾德門的男朋友是位中年大叔，而且是很有氣質的那種。中年大叔為了讓艾德門過上好生活，還在臺北買一間非常舒適的房子給艾德門住。

那房子在我還是學生時，簡直驚為天人，舒適至極。

我第一次看到水床，躺下去Q彈Q彈的。浴缸竟然還可以按摩水療，對於南部來的小孩而言，這房子看起來簡直就是皇宮。而艾德門住在皇宮裡，他永遠像貴族般一派輕鬆。

但聽說中年大叔另有家庭，而且是異性戀家庭。

有一次，我暗戀的臺大學生叫我偷偷問艾德門怎麼不選擇他？去當別人的情夫小三算什麼？他可以一心一意與艾德門廝守。

我真的問了，艾德門聽了只幽幽地說：「他能給我安定的生活嗎？可以給我不用外出、每天舒適的家嗎？」我不敢跟臺大學生說，只默默地安慰他，希望他知道天涯何處無芳草。

畢業前夕，突然聽說中年大叔的老婆發現艾德門了。根據艾德門的姊妹淘轉述，中年大叔的老婆還找人去艾德門家，把很多東西都搬得乾乾淨淨。我那時剛好在準備畢業作品，實在沒時間去幫他忙。等我忙完聯絡艾德門，他已經返回泰國了。

好幾次我透過共同朋友想跟他聯絡，但好長一段時間他幾乎不再見朋友。連我要到他的電話打給他，也是不接。

我服完兵役後，有一年去泰國玩，突然在百貨公司遇見艾德門。他那時正在視察設在百貨公司的服飾專櫃，西裝筆挺的樣子，就是一個成功的商業人士。而且旁邊還跟了個漂亮的女祕書。

那天，他招待我去一家很道地的餐廳吃飯，支開女祕書，單獨跟我聊天。

他說當年事情發生之後，他哭了很久，甚至想過了斷，但他不甘願被中年大叔的老婆看不起。他說，他和中年大叔是真心相愛，而不是那種只想靠對方包養的有錢老男人與年輕小屁精關係。

他沒有拿中年大叔半毛錢就回到泰國。雖然中年大叔開口要給一大筆錢繼續支助他，但他不願意。

回到泰國，他看準服裝市場的在地商機。於是自創品牌，自己設計，自己找工廠生產。他的設計在泰國市場掀起流行風潮，現在他的公司已經是泰國十大品牌之一，而且連鎖店有十家之多，可算是站穩泰國競爭激烈的成衣業。

我問他有沒有交新男友，他搖頭，低頭不語，又轉了其他話題。

吃完飯我們又去夜店喝酒。喝酒不能開車，他就叫女祕書來接他，我看著女祕書扶他上車，他還是一樣一派輕鬆，好像永遠是個貴族。

↵

半年後，艾德門跟我說他結婚了，是跟女生。

又過了一年，他說他當爸爸了，生了個女兒。
我特地飛去泰國看他的小孩。
到他家，開門的是他的祕書，還是一樣美麗大方又幹練的樣子。
心裡正狐疑，祕書也要帶小孩？也太虐待員工了。
艾德門卻跟我介紹，開門的就是他老婆，是他孩子的親生母親。
原來女祕書嫁給他。
小孩是非常像艾德門，好可愛。
艾德門知道我要開口問，就自己跟我說。
他很愛小孩，也想要自己的小孩，他更渴望一個完整的家庭。
我問他，愛他的祕書嗎？祕書知道他愛的是男人嗎？
艾德門說，愛情對他來說，早不重要了。當年中年大叔離開前，大叔的老婆在大叔眼前給他的那一巴掌，讓他已經不再需要愛情了。
祕書知道他愛過男生，但又如何？
艾德門說，我能給她的是很多人奢望的安定富裕生活。

隔天我就離開泰國，不知道為什麼，就是有一種莫名其妙的傷感。愛情真的這麼不值嗎？

我聽說，後來艾德門跟祕書有三個小孩，他們過著很平靜的家庭生活。美滿的幸福原來不需要愛情來堆疊。

給自己所能給，要自己所需要，就是幸福。

彩虹大叔說愛：

各取所需，也是愛。

一個沒有固定性別的靈魂——

依依：永遠跟受壓迫者站在一起

相處相愛，性別已經不是考量的選項了，如果能碰到個性合得來，未來有共識的情人，何須再顧慮一些額外的條件呢？

依依是我的同業好友。第一次見到他，是在同業聚會的KTV包廂。我進包廂時，他已經唱歌唱得非常High。當朋友們跟他介紹我是同性戀時，他變得肆無忌憚地在我面前扭腰擺臀，還要跟我合唱。

不知他是不是從來沒認識過同志，所以不停與我肢體接觸。見慣大場面了，我也不以為意。

那天他是男生的樣子，還聽說他已經結婚有老婆了。過沒多久，在一次記者會上，他說他離婚了。因為記者會太多朋友，看他也沒有太傷心的模樣，所以我也沒細問緣由。

後來有一天，公司總機說有個小姐來拜訪我。

沒想到，我下樓看到的竟然是「他」。

依依的外型已經完全是女生裝扮，而且留了一頭長髮。

我們兩個聊得很開心，他一直在異性戀的世界裡，常常不知道自己要的是什麼。他雖然跟周遭的親朋好友一樣交女友、談戀愛、結婚，卻覺得自己越來越不快樂。

有一天，他老實地跟老婆談，他很想當女生，他覺得自己是個愛男人的好妻子，於是跟老婆平和離婚了。

當然，他面對自己的原生家庭，有過很多戰爭。

我想問他爸媽的反應。他搖了搖頭說，家裡簡直就像世界末日，提了只會傷心跟流淚，我也就沒再追問，但聽說他已經搬離父母家。

依依的女生裝扮真的越來越自然，也越來越有自信。雖然皮膚還是黑了點，但舉手投足間，你根本不會覺得他之前是個漂亮女生的老公。他從來不會刻意用高八度的聲音來掩飾，但我覺得他帶點沙啞的聲音越聽越性感。

有一次我在展覽會場工作，跑來看我，我們在後臺閒聊時，突然她看到我們的模特兒。她問我那個女生是誰？我說，她是我們未來的代言人，接下來要跟歌王合拍ＭＶ，當女主角。

結果依依肯定地跟我說，她一定是男孩子變的。

我說不可能，她胸圍如此傲人；依依搖搖頭，笑了笑，她的直覺絕對沒有錯。沒多久，ＭＶ拍出來後，媒體真的爆出那名模特兒曾經是男兒身的新聞。

原來跨越性別的人彼此都有直覺雷達。

有些產業，同業之間不同的公司經常聚會。如果有新進朋友加入，大家就呼朋引伴一起去唱歌。

有一次，有間公司來了一個新朋友小宅男，為了迎接小鮮肉入行，我們又舉辦唱歌喝酒趴。

大家酒過幾巡之後，就開始胡鬧起來。我們問那位新朋友說，有沒有女朋友？小宅男說他還沒談過戀愛。大家立馬拱他跟依依試試看。

依依也不是省油的燈，開始營造男女對唱的浪漫氛圍。就這樣，一個月後，他們宣布在一起了。

我問依依說，小鮮肉知道你其實是男生嗎？依依說他知道。

他們在一起好幾年，每次大夥約吃飯、聚會，他們總是形影不離，恩恩愛愛。

我曾經問過宅男，不介意依依曾經是男生嗎？

宅男說，剛開始聽到依依曾經是男的，當然有一點不習慣。但相處相愛，性別已經不是考量的選項了，如果能碰到個性合得來，未來有共識的情人，何須再顧慮一些額外的條件呢？

依依後來也真的動了手術，變成真正的女人。我們都覺得要準備吃他們的喜酒了。沒想到，就在大家都覺得兩人一定會結婚時，他們分手了。

我約了依依出來喝酒，她一滴眼淚也沒有流。她說，他是獨子，還是過不了傳宗接代這一關。

分手後依依就離開公司，搬回高雄老家。**原來這麼多年，家人的抗拒慢慢地還是變成一種包容的避風港。**

↵

一年後，依依療完情傷，又回到臺北。不一樣的是她剪去一頭長髮，留著很短很短的新髮型。

她到臺北換了行業之後，我們就比較少見面，但臉書上偶爾還是會聊聊天。

沒多久，依依的臉書狀態突然顯示「穩定交往中」，而且對方是女的。

依依她交了女朋友。

我問她，最近還好嗎？她說，目前跟女友還不錯，現在她算是一個很帥的T。她覺得自己身上有兩個性別，一直不斷交錯，所以當了女同性戀，反而讓她更自在一些。我問她還會喜歡男生嗎？她回答我：「Who knows?」

我們目前還是臉書的朋友，每次看她的動態更新，總是很努力為多元性別的議題奮戰。

依依說，她會永遠跟受壓迫者站在一起，變成LGBT戰士。

依依還說，他是男，也是女；她是同志，也是異性戀。

這是真的，**食物都有這麼多種選擇了，愛情也可以有各種嘗試**。

彩虹大叔說愛：

愛男愛女愛自己，也是愛。

女孩愛上男同志——

娟：我沒有恨過

多年後，我有一次看到娟帶著先生跟小孩，然後跟著她的初戀，以及初戀的現任男友，一起在一家餐廳吃飯。大家都笑得很溫暖。

男同志跟直男，真有不同嗎？

說真的，除了性取向不同之外，很多人會說同志情感比較細膩，或者直男比較粗魯等等。我個人覺得同志那麼多，不可能每個人都有相同的質感，直男也是有好的跟不好的。

但我常聽說，很多女性朋友跟同志相處後，就會忍不住愛上他。

如果問我，我認為那只是因為同志不會對女性朋友別有目的，除去求偶的那層表象，很容易就把最真實的一面表現出來，與女生們掏心掏肺。更何況再怎樣女性化的男同志，都有保護對方的本能。在沒有性愛目的下的保護舉動，那是多麼容易打動女性天生的防衛屏障。

往往是這原因，才讓許多女生不經意地愛上男同志。

↵

我認識一個很霹靂的女生，她就很常愛上男同志。

不只言行舉止，她的人生經歷也讓人印象深刻。

她叫娟，一頭長髮及肩，外表超正，有一百七十公分高，出身名門，是知名藝術家的么女。可是她叛逆到不行，那時候去十次Gay Bar，有九次會遇見她，抽菸喝酒樣樣來，滿口男女性器官。

娟雖然前衛，全身上下卻散發文藝青年的氣質，還吃素，很衝突矛盾吧。

我跟她熟識，是因為她翹家沒地方睡，來我家借住。在一九九〇年代，女孩蹺家可是一件了不起的大事，而且我們一開始並不熟，她就大膽地要住我家。

小同居後，我才知道原來娟的初戀就是愛上男同志。

他們兩人是同時在一家服飾店打工認識的，剛開始男生很體貼地教娟很多事情。男生每天吃飯準備食物，都會很貼心地帶上一份給她，久而久之兩個人就走在一起了。

他們也牽手、擁抱、親吻。就像所有熱戀的情侶一般。

他們彼此都見過對方家人，娟也夢想著就要披白紗，一起步入婚姻。

但相處越久，她越覺得他周圍的朋友總是不太一樣。

男生因為一直不敢出櫃，所以隱瞞她多年。但他身邊的朋友總會看不下去，若有似無地暗示娟不要跟他繼續交往。

直到有一次，娟跟其他朋友去同志夜店玩，就在那晚親眼目睹自己的初戀男友跟另一個男生的親密舉措。她才終於恍然大悟，原來所有的若即若離，是因為性取向的原因。

男生一發現娟，就馬上逃離了夜店現場，然後傳簡訊說分手。而娟只有在夜店自己買醉。

娟並沒有歇斯底里，她很努力放下兩人的愛情，而且超級寬容地讓兩人的關係變成了好姊妹。聽說她後來跟男生的歷任男友，都還成為好朋友。

有人問我，她的第一次是不是就這樣交給同志了呢？這我也不知道，因為怕傷到她，所以從來沒問過。

但我知道她從此很鼓勵同志朋友出櫃，因為怕躲在深櫃的朋友做出錯誤的決定，造成同妻的痛苦，那種錐心的悲劇不是一般人能了解的，她衷心希望不會再有其他人體驗這種感受。

不過更猛的娟，沒有因為愛上同志受傷後學乖，她第二次又愛上一個同志。

後來我搬家，娟改跟一個臺中上來的同志學生住在一起。我猜是日久生情，娟後來愛上了臺中的同志學生。

但這次同志學生斷然拒絕，在她告白失敗後，兩人又變成好姊妹。

我曾經問過娟，經歷這種事，她有恨過同性戀嗎？

她說從來沒有。

她覺得感情的樣貌有很多種，當她為人妻、為人母之後，才了悟當初的同志初戀並沒有不愛她，而是另外一種形式的愛情樣貌。

當同性戀在肉體情欲上追求同樣性別的感官時，不代表他的心靈就不會跟不同性別的人產生依戀。

這麼多年來，娟跟初戀還有臺中的同志學生一直保持頻繁互動。彼此像家人，又像朋友，是可以一直關心下去的感情。

或許男同志，有時候真的也需要女性溫柔的陪伴。

這世界上不同的感情實在太多，我們已經很難分類；只要不傷害、不欺騙，都成立。

多年後，我有一次看到娟帶著先生跟小孩，然後跟著她的初戀，以及她初戀的現任男友，一起在一家餐廳吃飯。

那畫面我覺得很感人，因為大家都笑得很溫暖。

女孩愛上男同志，只是眾多愛情樣貌的一小部分。

愛情有時候不是得到才幸福，而是祝福對方幸福，自己也更幸福。

彩虹大叔說愛：

放下仇恨的祝福，也是愛。

黑道兄弟背後的女人味——

阿泰：我想變很強，也想像媽媽一樣溫柔

有幾個放牛班學長跑來旁邊嗆我，「死娘炮，做什麼運動！」
結果阿泰突然衝出隊伍，作勢要揍他們，
把那群放牛班學長趕走……

這是發生在我國中的小情事。

阿泰是我的國中同學，那時的國中是男女分班，所以我們班上清一色是小男生。他就像學生電影裡一定會有的班上惡霸，看上去滿臉橫肉，整天霸凌班上每個同學。而且才國中就開始抽菸，總是蹲在男生廁所外面的水溝旁，聚集一堆人在那猛抽。午休也不睡覺，開著自己帶來的收音機聽，而且沒有耳機，搞得大家

敢怒不敢言。

阿泰很愛打架，聽其他同學說，他還加入幫派，完全是不良少年。

有一回我當值日生，下課後負責打掃教室，然後倒垃圾。我就在垃圾場看阿泰滿臉是傷地蹲在旁邊的圍籬。我想他一定又跟別人打架了，看他腳跟手都是傷，我就拿班上的醫藥箱給他。他連謝謝也沒有說，就叫我走開。

國二的時候，我當上康樂股長。康樂股長要負責在體育課帶領大家一起做體操暖身。

我站在隊伍前方帶大家做操時，有幾個放牛班學長跑來旁邊嗆我，「死娘炮，做什麼運動！」

結果阿泰突然衝出隊伍，作勢要揍他們，把那群放牛班學長趕走。

↵

隨著課業越來越多，同學們下課都會去老師開設的補習班補習，但阿泰沒有。所以每次上課時，老師就會特別點名阿泰，問他只有在補習才教的一些題目，阿泰當然答不出來，只能換來一頓藤條侍候。

我看不過去，於是偷偷把補習的筆記本借給阿泰。

有一次，我去阿泰家拿筆記本。到了他家，他家人叫我直接上樓到他房間。他的房間是老式公寓的木板隔間，完全沒有窗戶。他打著赤膊，就坐在床上看我借他的筆記，他說很多都看不懂。

我們就在床上教他不懂的地方。沒想到兩人在床上研究筆記，越靠越近，玩起了肉搏戰。那時我才國二，怎麼兩人會玩到把對方衣服都脫光！

戰戰兢兢地離開阿泰家時，我還驚魂未定，覺得是不太可能發生的事情。雖然在國中時我已經知道自己喜歡男生，也不是沒有這方面的經驗。但他在床上的溫柔跟體貼，完全與在學校的形象差太遠了！況且他一點也不像同志。

也許因為愛打架，阿泰的身材很好，有著六塊腹肌的精壯體魄。他也跟之前我經歷的、喜歡肉體上欺負我的大人完全不同，突然間，我變得很耽溺在與他的身體接觸。每月、每週、每天，都想去他家研究筆記。

但阿泰是個超級冷漠的人。每次去他家，他總是不發一語，常常肉體關係結束後，兩人一句話也沒說，我又自己默默地回家。在學校時，他也表現得好似沒有跟我親密過一般。有時我靠近他要說句話，他也會閃躲離開，甚至連眼神交會都避開。

但他從沒拒絕見面，若太久沒在房間約會，他還會打電話找藉口叫我去。

↵

有一次，我心血來潮，沒有知會就逕自跑去阿泰家。打開房間，我著實被眼前的畫面嚇一大跳，阿泰竟然在房間刺繡。就像女孩兒一樣，拿個繡框，一針一線地刺一朵牡丹花。

他看到我也嚇一跳，趕忙把所有東西收起來。

阿泰說，從小他就沒有爸爸，因為要保護媽媽，所以把自己武裝起來。他很小的時候還算斯文，但爸爸走後，媽媽要在菜市場工作。他看媽媽常常被欺負，還有收保護費的人硬要拿走他們辛苦做生意的錢。他覺得自己一定要變強，於是跟狐群狗黨混久了，也變成一個粗魯樣。

現在的他想讀書，也想跟別人好好相處。但加入幫派後，在學校就沒人看得起他。

也因為從小跟媽媽相依為命，他很喜歡學媽媽。看著媽媽細緻的模樣，煞是好看，所以就偷學媽媽的興趣。

他總覺得自己很矛盾，很怕獨自一人。他想變得很強很強，可以保護媽媽；可是他又想像媽媽一樣，很溫柔地對待所有事物。說著說著，他竟然給我看他偷藏媽媽的口紅，還要化妝給我看。

我當時很傻，他說了很多，我一點也聽不懂。我不懂才十四歲的年紀，為什麼內心會有這些掙扎，甚至不懂兩性之間到底什麼樣才算正常。

多年後，我在接觸ＬＧＢＴ之後，碰過很多很多不同樣貌的人，突然想起少年時期的阿泰，終於明白當年他內心的忐忑不安跟掙扎。

人不一定要愛上自己的樣子，但一定要接受最原本的自己。

原本的我們，才是快樂的我們。

彩虹大叔說愛：

接受自己不是世俗期待的原本樣貌，也是愛。

在軍中認識自己的性向——

旭旭：原來都是同一種歡愉

有一次，我看見旭旭對學長發脾氣，
是那種像女朋友撒潑、跺腳、轉頭離開的生氣。
我當場完全傻眼，滿頭黑人問號。
我默默地去問學長發生什麼事？學長也哭笑不得，說不出個所以然。

長久以來，同志議題在軍中，好像禁忌一般。大家不敢說，大家也好奇。但偏偏這幾年，新聞經常爆出軍中性侵事件。讓大家更八卦地想了解，在這一群完全是男人的陽剛世界中，到底有多容易越軌，發生意外？腐女想看熱鬧，同志想聽八卦，異性戀更好奇是真是假。

我當年在高雄的彌陀當兵，在軍中的時候，就算是半出櫃了。大部分同袍都知道我喜歡男生，但軍官們沒有特別談到這方面。

那時候的兵役還是兩年制，所以第一年我還是菜鳥，什麼話都不敢多吭一聲。到了第二年，才開始跟軍中同袍建立良好的友情。

旭旭就是在我當兵第二年時進來連上的。

旭旭是個很可愛的男生，大學畢業後馬上入伍，一副稚氣未脫的學生模樣，很討人喜歡。也因為他剛下集訓中心，所以還保持著精壯的體魄，讓好色的我總對他多一分關愛。

旭旭有一個交往多年的女朋友，每次會客時間總會不遠千里來看他。莒光日的發信時間，他也總會收到臺北寄來的情書。

一天半夜，我值安全士官，下哨後準備到浴室洗澡。一進浴室，就看他蹲在浴室牆角哭泣，我陪他蹲著，問他怎麼了？他不斷啜泣，然後抱著我，說他被兵變了。看他哭得淚人兒似的，很讓人憐惜，我忍不住就吻了他，然後我們兩個就在浴室發生了男男的性關係。

第二天，他幽幽地跟我說對不起，他只是心情很差，所以昨晚的事要我別放在心上。原來他女朋友跟學校學長在一起了。

可是為什麼要對不起呢？好像是我主動。可是當我要再次接近他，他把我拒絕得好遠好遠，原來我只是個慰安而已。

我猜，也許他不是同志，也不是雙性戀。跟我只是一個意外，他應該對男生沒興趣。

過沒幾個月，我突然發現旭旭每天都眉開眼笑，大大地走出情傷的感覺。奇怪的是，他每天都黏著另一個學長。

那位學長是標準的鄉下農家子弟。每天都憨憨傻傻地微笑，而且完全不會欺負學弟，對每個人都客客氣氣。

旭旭幾乎每天都在那個學長身邊打轉。幫他打飯菜，幫他整理衣服，一起洗澡，就寢時間也一直窩在他床邊。

有一次，我還看見旭旭對學長發脾氣，是那種像女朋友撒潑、跺腳、轉頭離開的生氣。我當場完全傻眼，滿頭黑人問號。

我默默地去問學長發生什麼事？學長也哭笑不得，說不出個所以然。

學長說，旭旭很愛要求他做一些奇怪的事。例如，放假一定要一起出門，然後又不回家，一定要住學長家。如果學長出公差，回來就逼問有沒有想他。睡前還規定，先擁抱道晚安才能睡。方才的吵架，就是這次旭旭必須休假回臺北老家，他逼學長跟他kiss goodbye。

哈哈哈，對於完全不知道同性戀為何物的農家子弟，這真是一件匪夷所思的事情。難怪學長根本不知道怎麼應對。

後來學長選擇逃避，跟旭旭漸行漸遠。

我跟學長說明同性戀這檔事，據說學長後來委婉地跟旭旭說，他只想退伍回家，娶妻生子，謝謝旭旭的錯愛。

學長退伍那一天，我看見旭旭一個人在交誼廳喝酒，然後大聲地唱歌。

↵

一年後，我們都退伍了，我也回到臺北工作。

有一天，我在同志酒吧巧遇旭旭。

那天我們都喝了不少酒，所以聊得比較開心。

我忍不住問他，你當兵之前不是都交女朋友嗎？怎麼突然喜歡男生。

他說，從小在兩性的環境中，很自然就交了女友，談異性戀戀愛。

當他在軍中，跟男人真正深入相處，他才發現，原來自己愛的是男人。那些以前跟女孩子相處的呵護，都是模仿來的，一點也不快樂。

我問他，是因為跟我的那次意外，才讓他變成同志嗎？

他說不是。

跟女朋友分手傷心的原因是，原本青春的歲月都浪費了，以為人生就該找個女孩組個家庭，幸福過日子。而跟我的那一次意外，讓他知道，男男的肉體關係原來沒有想像中可怕，男男的性愛也是一種歡愉。

當他的另一隻手握著旁邊的成熟男子，從他開心的笑容中，我知道他現在很幸福。

我們曾經想像的幸福，跟後來的幸福終究是兩回事。

彩虹大叔說愛：
不同於你想像的幸福，也是愛。

男友親哥哥的告白——

阿揚：為什麼都不再接電話

愛的面貌真的太多樣。
在愛裡面沒有誤入歧途這件事。
愛沒有「對」沒有「錯」，只有「適合」。

我很愛跟另一半的家人打成一片。也許是從小個性使然，對於交際、公關這件事，我從來沒害羞過，因此跟許多任男朋友的家人，後來都變成好朋友。

阿揚是我一任完全沒出櫃的男朋友的親哥哥。

由於我那沒出櫃的男友很難追，他不是很清楚自己愛男生還是女生，所以我使出大絕招，從他家人下手。

在還沒正式交往前，有一次，我那沒出櫃的男友說，他哥哥是做保險的，好像很辛苦。我立馬接話說：「找你家人出來，我請吃飯，聊聊保險的事情。也許我需要保一下。」就這樣，我順理成章認識他的家人。

跟他家人吃飯後隔天，我那沒出櫃的男朋友說，他哥哥想單獨來我家找我聊聊。我心想，應該是要來推銷保險吧，就開心地答應了。

當晚，阿揚帶著幾瓶酒來我家，但奇怪的是，他完全沒推銷我買保險，反而一直跟我訴說一些感到苦悶的心事。他說爸爸過世得早，媽媽工作辛苦養家，弟弟書也沒念好，身為長子要扛起責任，壓力很大等等。

喝沒多少酒，阿揚就趴在我身上啜泣起來。我拍拍他，要他加油，別想太多，就在我要起身時，他竟然順勢親了我臉頰一下。

迅雷不及掩耳的偷親，讓我呆若木雞，我沒敢有任何反應，匆匆送走他。

↵

後來，我真的追到那沒有出櫃的男朋友，當然也開心了很長一段時間。

就如同一開始說的，我很愛跟另一半的家人打成一片，所以跟男朋友在一起時，我就跟阿揚變得更熟悉且熱絡。當然，阿揚並不知道我已經跟他弟弟在一起了，因為男友死也不敢出櫃。

我跟阿揚也沒有再提起那一晚的事，但奇怪的是，他就像跟屁蟲一樣，每次我跟男友約會，他總愛來當電燈泡。

一年後，我跟那沒出櫃的男朋友分手，分得不是很開心，算是決裂，因此兩人完全不聯絡了。

還蒙在鼓裡的阿揚，不知道我為何突然消失在他們的生活圈，還是一直打電話給我。我覺得，既然跟他弟弟都分手了，何必與他們家人繼續糾葛，就不再接任何阿揚的來電。

沒想到有一天下班，阿揚竟然就在公司門口等我，他氣呼呼地質問我，為什麼都不再接他電話。

我隨便敷衍，說最近工作忙，太多會議跟飯局，沒時間接電話。

那天我拗不過他再三邀約，就跟他一起去吃飯喝酒。喝完酒，他又開始醉醺醺地往我家去，硬要跟我睡在一起。

在半夢半醒間，我突然感覺阿揚的手拉著我的手，放在他的胸前游移。我有點嚇到了，準備要起身，沒想到阿揚一個翻身就把我壓在他身下。

我狠狠地把他推開，沒想到阿揚還半夢半醒地呢喃說：「哥哥你不要那麼兇嘛！」他到底是真醉，還是假醉？

之後我還是想盡辦法不跟他見面。雖然阿揚還是一直打電話來，有時也跑來公司找我，我都跟總機交代，一定要說我不在。

久了，他也就慢慢不再找我了。

直到幾年前，我跟不敢出櫃的前男友恢復友情，雖然沒有復合，但也解開誤會，算是朋友。

有一次，他們約我一起吃飯，沒想到阿揚也帶了女朋友一起過來。我見他帶女朋友來，還虧他這應該不是租來的吧。阿揚也沒說什麼，只顧著一直傻笑。席間可以看得出來，女朋友真的不是租來的，因為兩人互動還滿甜蜜的。

沒多久，阿揚就傳來婚訊。在他結婚前夕，我們約了一起聚聚。席間他還是嘻嘻哈哈，沒有提起之前對我的一些曖昧，就在喝到酒酣耳熱時，他突然很正經地開口叫我哥哥。

他說他很感謝我。在他失去父愛不知所措時，我給了他像爸爸一樣的依靠。然而他在搞不清楚是移情作用，還有內心軟弱時，謝謝我幫他及時煞車，沒讓他誤解自己愛的方向。

我「蛤」了一聲，其實我知道他要說的是什麼，但我覺得這時候裝傻是最自然的方式，笑嘻嘻說：「現在婚姻幸福最重要。」

其實我知道，愛的面貌真的太多樣。阿揚他其實也沒誤解自己，**在愛裡面沒有誤入歧途這件事。愛沒有「對」沒有「錯」，只有「適合」**。

彩虹大叔說愛：
誤解，也是愛。

暗戀直男初體驗——

阿祥：得不到的最珍貴

我們在補習班時遇見一個女孩。
他硬要我去跟那女孩搭訕。
我才驚覺，原來在他心裡，我們真的只是兄弟。

直男，是很多同志朋友心中的夢想，因為得不到的最珍貴。但直男，也同樣是很多同志朋友心中永遠的痛，因為直男總是那麼一句：「如果你是女生就好了。」然後讓你陷入無怨的付出跟永無止境的曖昧輪迴。

我第一次愛上直男，也是我第一次愛上一個人。

那是高中開學的第一天，我坐在靠走廊的窗邊座位。

他是隔壁班同學，他們全班排成一列，準備安排座位，而他就正巧站在我窗前。

第一眼見到他，就有一種看見王子的感覺，真的像傳說中那樣，開始目眩神迷，然後像被電擊一樣目瞪口呆。

於是我鼓起勇氣，主動開口跟他聊了起來。男生跟男生搭訕，就是比較沒有殺傷力。

↵

後來每天一放學，我都會主動騎單車載他去坐公車，我們還發明一種雙載姿勢。因為我的單車沒有後座，所以我就坐在車墊前面的直桿，負責操控把手，而他坐在車墊，負責踩動。當他雙手搭在我肩膀時，心裡都會有一種莫名的幸福感。

我們幾乎每天都暱在一起，找同樣的補習班一起上課，千里迢迢跑去離我家兩個多小時車程的圖書館，陪他看書。

有時候，我也會故意不騎腳踏車，只為了下課陪他一起坐公車回家，然後坐在公車最後一排，肩併著肩聊天。

我從來沒有跟他說我喜歡他，也許當時的我也不懂這就是愛吧，所以從來沒有發生所謂告白的事情。但不自覺地，我會忍不住找各種機會跟他相處。

約會是很花錢的，但在學生時代零用錢很少，我只好努力打工。我每節下課就在福利社幫忙賣東西，中午還去便當店幫忙賣便當。存到一筆錢，我們就可以去氣氛好一點的西餐廳，來一頓浪漫晚餐。

我也很愛像傭人一般，四處幫他跑腿。要說工具人，我絕對是頭一號。

還記得有一次，他來我教室找我，要我幫他去火車站換月票，結果找不到我，他還發脾氣罵說「需要你時，你都不在」。傻瓜如我，當時還覺得被需要，而偷偷歡喜開心一整天。

夢幻的日子並不長，我們在補習班遇見一個女孩。他硬要我去跟那女孩搭訕。我才驚覺，原來在他心裡，我們真的只是兄弟。

之前幻想的關係慢慢瓦解。他要我陪他一起追那個女孩，還要客串軍師，幫他出主意怎麼追，同性戀電影的情節就在我身上真實上演。

那女孩住在屏東潮州，為了贏得女孩子的歡心，我陪他坐火車去潮州找她。當他們倆走在我前面，默默地牽起手，而在背後的我，眼淚也默默地、不爭氣地流下。

↵

慢慢的，阿祥為了談戀愛，跟我相處的時間變少了。

而他傷我最深的，是有一回下大雨，我沒有騎車，陪著他一起坐公車。本來約好假日要一起看書，結果被他單方面取消了。我們起了口角，他竟然在公車上罵我變態，怎麼這麼瘋狂地黏著他，直接叫我下車。

我就像演八點檔瓊瑤連戲劇一般，在大雨滂沱時下車，沒有撐傘，流著混合雨水的眼淚，走五公里的路回家。

就這樣，我們漸行漸遠。

多年後的某天下午，我突然接到他的喜帖，他要結婚了。

他在喜帖內還附了一封信，說我是他生命中最重要的一段情誼，很希望在他生命中最重要的日子，能有我的祝福。

其實拿到手中的喜帖，我很知足地笑了。

愛一個人，不就是希望他幸福嗎？就算這麼多年，他都不知道我當時是怎樣深愛著他，但當我知道他一切都好時，所有心裡的滿足與幸福，已經足夠填補這數十年說不出口的愛的遺憾。

很多男同志愛的初體驗，會看不清楚地愛上直男。

當然大部分都會遍體鱗傷，很少有人成功把對方掰彎。就算掰彎了，直男很可能還是會回到異性戀的世界。但這就是一種過程，一種經歷。

人們常常就是經歷了很多傷痛之後，才學會更愛自己。

但我相信，**當你最愛自己的時候，幸福就出現了**。

彩虹大叔說愛：你好就好，也是愛。

一下愛女，一下愛男——

小路：愛情沒有道理

有一天，我在同志酒吧遇見阿奇，
我問他，怎麼會跟女生同居啊？
阿奇說，相處久了，又常常一起睡，
兩人就真的生米煮成熟飯啦。

我有一個女同學小路，是標準的南部小辣妹，一頭長髮，五官性感，個性開朗，說話總是大剌剌的。

開學沒多久，小路就傳出緋聞，對象是班上很帥又很臺的大哥級人物。他們雖然沒有高調地在校園裡出雙入對，但總看到那位很臺的帥哥，騎著當年很酷的追風打擋車，在校門口某處默默地載小路離開。

過了一學期，大家突然很少看見這對班對溫馨接送情。同學間都在八卦，他們好像已經分手，據說男生頗花心，身邊總是不乏投懷送抱的鶯鶯燕燕。

同為南部小孩，我也八卦地去安慰小路。她口氣平淡地說，就男人不壞、女人不愛的老戲碼。在兩人開始交往時，男方就明白地說在學生時代他只想玩而已，所以感情結束了，也是預料中的事。

瀟灑的小路，很快就如往昔一樣每天開心地張大嘴笑、大聲說話。就在學期末時，我突然發現，有小路出現的地方，就有一位女同志鐵T在她身邊護花。

這次完全不同於上次的地下化班對戀情，小路跟鐵T每天在校園裡出雙入對，手牽手逛大街。

有一次晚上，我肚子餓跑去夜市吃宵夜，沒想到遇見小路。她與鐵T正在妳一口、我一口地互相表演餵食秀。小路大方地跟我分享她們的戀情，她說女生更懂得體貼雙方需要的照顧，在這段愛情裡，讓她知道被真正疼愛、捧在手心的滋味。

我八卦地偷偷問小路，那在床上還適應嗎？小路說，愛情的滿足有時能讓肉體的接觸更愉悅。

聽來有點深奧，我不是很了解，但小路自己說她調適得很好，沒問題的。我也覺得真的沒問題，因為後來在校園中，我在花園樹叢間，看見她們大剌剌地法式熱吻。

↵

過完一個暑假，大家開始忙著迎接新生。

升高年級之後，小路成了熱情的學姊，每天就看她忙進忙出，照顧學弟的生活和舉辦活動。在校園中看見她跟鐵T在一起的時間，好像越來越少，身邊取而代之的，反而是一群年輕粉嫩、花美男型的學弟。

有一天，我在一場喝酒的聚會遇見小路的鐵T護花使者，我問她，小路呢？她幽幽地傷心哽咽了起來。

她說，小路現在每天都跟一個學弟混在一起，總是不見人影。我問她是哪一個學弟？原來小路因為迎新照顧學弟們，跟了一個叫阿奇的新生，兩人變得形影不離。但那個阿奇我之前明明在同志酒吧遇見很多次啊！

我安慰她說，放心啦，他們應該就是姊妹淘，阿奇是同志，不會有什麼問題的。

沒想到以為沒問題時，常常就是有問題。

阿奇居然公開說，他跟小路同居了。愛情真的是沒有道理啊！

有一天，我在同志酒吧遇見阿奇，我們一群學長無腦地一直逼問他，怎麼會跟女生同居啊？阿奇就說，相處久了，又常常一起睡，兩人就真的生米煮成熟飯啦。

阿奇還很經典地爆了一個料，笑死我們這群老gay。他說，有一次小路用嘴巴幫他服務時，因為很不舒服，阿奇就跟小路說，妳吹蕭的技術真的沒有我好耶。據說當時小路在床上就笑場了。

當然，小路是跟鐵T分手才跟同志學弟在一起的，但還是讓我們這群同學都都跌破了眼鏡。

小路說，被照顧久了，她也想要有照顧人的感覺。其實我們好奇的是，她怎麼把彎男扳直的？但逼問多次，也沒什麼結果。

我覺得感情世界好像真的沒什麼道理可言，也沒有一定的軌跡脈絡，讓人們可以追尋。

↵

多年後，我再遇見小路，她也早就跟阿奇分手了。

我問她，現在愛男生，還是愛女生？

她說，單身好久了，覺得一個人也很好，但她也變得沒有像以前一樣開朗又大剌剌了。

如果說愛情沒有一定的道理，那我們無厘頭的經歷過這麼多風風雨雨，是不是會對愛情的好奇褪去新鮮感？

彩虹大叔說愛：

愛情沒有一定的軌跡脈絡。

第四篇

這樣
包容的愛

我們不一樣，

但我們都可以一樣幸福。

↵

↵

↵

Enter

同志伴侶的牧師爸爸——

華牧師：這麼幸福怎麼會丟臉

在準備發親友喜帖的那段時間，
我緊張地問牧師爸爸，這樣會不會害你很丟臉？
牧師說：「一點也不會丟臉啊，這麼幸福的事情怎麼會丟臉？」

我是已婚的同志，而且我也是虔誠的藏傳佛教弟子。但我的另一半是基督徒，而且他的父親還是牧師。不只如此，他父親的三兄弟全是牧師。所以我的另一半從小就在家裡的教會負責司琴。

在剛認識另一半時，這消息真的很震撼，震撼到當時我應該有後退三步。如果要跟未來的準岳父見面，我是很抗拒的。

後來另一半跟我說他與父親相處的實際狀況，我才慢慢對這個未來準岳父牧師另眼相看，崇拜不已。

我另一半在高中時就出櫃了，當時他是跟媽媽說的。

當牧師娘跟牧師說，兒子是同性戀時，牧師只是淡淡地說，不用擔心，會改變就會改變，不會改變，也祝福他。

後來，只要是我另一半負責司琴的禮拜，牧師就不會提起同志議題。要知道，在臺灣其實有好幾年的時間，很多教會的牧師每個禮拜都會猛烈抨擊同性戀。

跟另一半穩定交往後，牧師希望跟我見面，一起吃個飯。牧師還很客氣地事先問我，想吃什麼料理。

第一次見面，是我開車去接另一半及牧師、牧師娘。在車上，牧師一句話也沒有說，只是一直笑臉迎人。

在飯局裡，牧師也沒有問我們的交往狀態，或者家裡的事，很隨興地聊聊時事，讓我一點壓力也沒有。只是結束後，他邀請我下次一起到桃園的教會做禮拜。雖然我是佛教徒，但礙於牧師是長輩，我也只能接受，一同前往。

身處在臺灣基督教反同這麼用力的氛圍裡，對於一個同志，而且還是佛教徒，要陪未來岳父去教會，是件讓人十分手足無措的事情。

果然，一到教會，就有教友在門口發反同宣傳單，牧師看到了，很貼心地把所有傳單收走，放到自己口袋。

那天牧師不用講道，是其他教會的牧師主講。還好一切都很順利，該說「阿門」時，牧師會提醒我一下，唱歌時，他也會小聲教我。牧師不會跟我講任何道理或者見解，但他總是記得在我不知所措時，帶我一下。

後來牧師退休了，退休時他跟我說，服事了大半輩子的主，學到的就是包容更多的愛。

牧師知道，如果他繼續經營教會，對於我們家庭這不一樣的愛，或許會與教會的弟兄姊妹有些衝擊跟矛盾。所以退下主日牧師，每個星期天像一般人一樣只去參加禮拜，坐在臺下享受基督的恩典。

牧師退休後，我跟另一半就決定要結婚。

結婚雙方家長總是要見面，牧師跟牧師娘就到我家作客。

牧師到我家，還是維持一慣的客客氣氣，他跟我爸聊天，第一次談到我跟另一半的同性愛情。

牧師說，**上帝是愛世人的，不論《聖經》對同性戀有多少偏頗，那是在指責淫邪的部分。如果是真的愛，神跟天國的天使們都會一致讚嘆。**

這是我第一次聽到未來岳父牧師，對於我跟他兒子愛情的註解看法。我眼眶忍不住紅了。

在準備發喜帖的那段時間，有些另一半的親戚那邊需要去發帖子。牧師娘叫牧師陪我們一起去，我很緊張地看著牧師，我問他，這樣會不會害你很丟臉？牧師說：「一點也不會丟臉啊，這麼幸福的事情怎麼會丟臉？」

結婚當天，我們請了同光教會的牧師來幫我們證婚。

同光教會知道我的岳父也是牧師，特地跑來跟我岳父牧師致意。

同光教會的人說，我岳父很偉大，他聽了只是又笑臉迎人，淡淡地回答：「我就是跟天下所有父母有兒女要結婚一樣而已。」

喜宴開始，我的岳父完全不畏在場所有嘉賓的道賀，他捧著紅酒，一桌一桌地跟我的朋友們敬酒、感謝、祝福。

一個一輩子活在敵視同性戀的父權基督世界牧者，用行動告訴所有來參加婚禮的來賓：他是牧師，他兒子愛上一個男人，他盛滿代表基督的血的葡萄酒，來祝福這場真愛的同性婚禮。

婚禮結束後，我送牧師爸爸下樓搭車，我跟我的牧師爸爸說委屈你了。牧師爸爸笑了一笑說：「傻孩子，你是我的孩子，我們沒有做害羞的事。」

《聖經》說，愛是不做害羞的事，只要愛得理直氣壯，真心真意，愛是永不止息。

牧師爸爸說：「**愛上一個同樣愛你的人，沒有對不起任何人，就沒有對不起上帝。**」

彩虹大叔說愛：

因為不一樣，所以學會包容更多的愛。

同志母親的掙扎——

我的媽媽：今晚要不要我陪你睡

我軍中男友結婚了，是跟別的女生。
婚禮結束後，媽媽說：
「今晚要不要我陪你睡，你十幾年來第一次要自己睡，可以嗎？」
就淡淡地這一句話，我已泣不成聲。

好像大部分的同志朋友，總是跟母親感情最好，但也糾葛最多。

所有的母親對於自己的孩子，彷彿都有一雙透視眼，不管我們隱藏得多好，裝得多man，同志媽媽們總是會察覺。

我國小時其實就知道自己的性取向「怪怪的」。而這些覺得自己跟一般男生不一樣的恐懼，就會在媽媽面前武裝得更虛假。

我記得小時候，每次媽媽要拿高一點的物品，我就會搶著去幫忙拿，然後逼我媽叫我「粗獷」的。

↵

上了大學，我第一次談戀愛，交的男朋友搬出我的房間跟我一起住。

每次媽媽要來臺北看我時，都是最驚心動魄的時刻。要把所有另一半的蛛絲馬跡銷毀，還要安撫另一半暫時走避的不滿情緒。

後來我學乖了，就租兩房，讓家人以為對方只是室友。

室友的身分比較好掩飾，他還可以光明正大跟北上看兒子的媽媽一起吃飯聊天，建立感情。

在一切都以為天衣無縫時，我才知道我好傻、好天真。

與初戀熱戀期的那年，我回高雄過暑假，在家裡待不到一個星期，就相思難耐，很想回臺北找男朋友。但媽媽好說歹說，就是不肯讓我暑假待在臺北。

後來我跟媽媽又為了上臺北的事吵架，賭氣不吃飯。媽媽就狠狠撂了一句話：「你就是變態啦，你以為我不知道你想上臺北找你室友。」嚇得我什麼話都不敢吭一句。

在我畢業前夕，有一次，我媽又上臺北找我。

當我媽在客廳跟我聊天時，男朋友剛好從另一間房間走出來上廁所。我媽看了一眼，馬上氣沖沖地離開了。

我丈二金剛摸不著頭腦時，我媽說：「你變態怎麼都不改，為什麼他又穿著你的衣服？」

媽媽什麼都沒說破，卻了然一切。

而我，也沒有勇氣坦白這些，怕傷家人的心。

我永遠記得，媽媽在我要去當兵時，離開車站的叮嚀。

她沒有叫我保重身體，注意安全。媽媽只說，在軍中好好把那些臺北的壞習慣改掉，像正常男人一點。

唉，媽，我覺得我很正常，在自己的正常裡面。

當然我沒有聽媽媽的話，在軍中沒有戒掉男色，反而交了一個男朋友回家。

在軍中認識的男朋友，我覺得有讓媽媽漸漸放下對於我愛男生的敵意，因此我跟軍中男友平安地在一起十六年。

我的軍中男友是個超級會討老人歡喜的傻大個，他逢年過節一定從臺北飆下高雄來，陪我家人一起過。只要我家人北上，他也是澎湃的大魚大肉招待。但我跟家人都說，他只是我房東，因為我退伍後北上就住在他家。

說實話，我真的一點都沒有當著爸媽的面出櫃的勇氣。但我隱約知道，爸媽其實都在懷疑，或者根本就認定我們在一起。但他們或許為了面子，或許為了家庭和諧，我們都不說。

直到軍中男友結婚了，是跟別的女生。

我們家基於多年情誼，全家北上參加他的婚禮。

婚禮結束後，媽媽拉著我的手。

她說：「**今晚要不要我陪你睡，你十幾年來第一次要自己睡，可以嗎？**」

就淡淡地這一句話，我已經泣不成聲。

原來愛情走遠，親情就會靠近。

有好幾年的光景，我總是帶不同的男生到高雄家作客。而且我所有帶回家的對象，一律都說是工作認識的朋友，掩飾、掩飾再掩飾。

但幾乎每次，我媽都是熱情歡迎，也跟所有我帶回家的男生相處融洽。但我媽從沒再跟我提過任何關於感情的隻字片語，也沒有再用任何尖銳的語句質問我是不是愛男生。直到我遇見現任伴侶、後來結婚的佑佑。

有一天，我在臺北家正準備睡覺，大哥突然打電話來。

平常我哥很少打給我，我正納悶。接起電話，我哥說，媽媽半夜不睡覺，來敲他房門，要我哥轉達說，媽媽很喜歡佑佑，希望我不要再換男朋友了，這個就定下來吧。

我嚇壞了，原來媽媽都知道這些人是我男朋友！

我終於結婚，跟我的男朋友佑佑。

我媽媽盛裝打扮，還買了一套全新的晚禮服。

當很多人跑來跟我媽媽說恭喜時，媽媽的笑容很自然、很燦爛。

當牧師證婚，我們交換戒指的那一剎那，我看了臺下這輩子最愛的女人。我媽看見我望著她，她給我點了一個頭，有一點微笑，有一點輕鬆，有很多愛。

原來母子連心的部分，包括所有的喜怒哀樂。連幸福的直覺，當母親的都第一個感應到。

彩虹大叔說愛：

原來母子連心的部分，包括所有的喜怒哀樂。

沒有勇氣參加我婚禮的八十老父——

我的爸爸：愛還是會流露出來

在一起十六年的男友跑去跟別的女人結婚了，
爸爸突然打電話給我，說沒看過一〇一大樓，想來臺北看看。
那一天，只有我跟爸爸兩個人。我們一起吃飯，一起逛街，
但爸爸什麼也沒有說，就只是陪著我……

我結婚的那一年，我爸爸已經八十多歲了。

我爸是遺腹子，奶奶懷著我爸爸時，爺爺就車禍過世了。而奶奶也在我爸三歲的時候生病去世，所以我爸從沒見過爺爺，體會任何父愛，也從三歲就過著孤兒的生活。

爸爸長大後去跑船，在海上一漂泊就是二十幾年，整個青春歲月都沒有享受到愛與關懷，總是一個人孤零零的。所以我明白，爸爸不知道怎麼表達自己的情感及與人相愛。

小時候爸爸不在家，偶爾跑船回來在家，時間也很短暫。我小時候是個不愛出門的怪小孩，每天窩在家裡，最喜歡做的就是玩積木。記得爸爸總會念媽媽說，這孩子怎麼怪怪的，不像男孩子每天往外跑，待在家玩什麼積木？

國中的時候，學校有一個男老師總是騷擾我，經常打電話來家裡，跟我說一些很猥褻的話，說什麼我想不想他、愛不愛他等等。我知道爸爸都在電話的分機偷聽。

掛完電話，爸爸一句話也沒有罵我，只叫我一定要保護好自己。

高中的時候，因為暗戀隔壁班的男生，心情無處發洩，我就在筆記本裡寫滿暗戀的思念跟鬱悶的心情。

有一天，爸爸突然單獨叫我去房間，問我為什麼這麼憂鬱，有什麼事情要跟他說，然後默默地把我丟在客廳忘記的筆記本還我。

印象中，老爸從來沒有跟我談論過同性戀的話題，不僅如此，老爸也沒有跟我談論過關於我任何學業、工作、感情、交友的任何話題。我曾經以為，是因為爸爸從來沒有愛過我，所以從不關心我的任何事情。

後來有幾次我遇見親戚，他們會跟我談起現在的工作，講一下我很光榮的事，我才知道，原來爸爸以我為榮的方法不是面對我，而是另一種在外面樂於分享的榮耀。就像我當年高中聯考時，中午休息硬要爸爸帶我回家看布袋戲完結篇，才願意回考場，爸爸仍是騎著老偉士牌在考場跟家裡穿梭。**爸爸什麼都不說，卻什麼都做**。

有一年，我生活過得最糟糕的那一年。在一起十六年的男友跑去跟別的女人結婚，我覺得爸爸一直都知道我跟他是男男關係。

前男友婚禮過後，爸爸突然打電話給我，說沒看過一〇一大樓，想來臺北看看。那一天，只有我跟爸爸兩個人。我們一起吃飯，一起逛街，但爸爸什麼也沒有說，就只是陪著我。

前幾年，我認識了現在的結婚對象，沒想到他也是跑船的，所以他跟我爸爸聊得非常開心。

爸爸因為已經下岸退休非常多年，當另一半的船停在高雄港時，爸爸就央求我們帶他上貨櫃船參觀，回憶當年跑船的光景。

那一天，我看得出來爸爸真的很開心，爸爸還全套西裝筆挺，借了另一半的船長帽，戴著拍照，好像回到自己青春的歲月。那天爸爸第一次跟我說，他（指我另一半）很好，真的很好。

爸爸鼓勵另一半轉陸勤，他說海上的生活久了，會跟社會、家庭脫節。當另一半真的申請調到陸勤沒多久，我們就決定要結婚了。

我們定好日子跟餐廳後，我們決定親自下高雄，邀請爸爸來參加婚禮。我心裡很忐忑不安，從小到大，我從未開口跟爸爸說，我愛的是男生。而四十多年後，第一次要跟爸爸開口時，就是要他參加我的婚禮。從高鐵南下的那一個半小時，我覺得好像經過了一整個世紀一樣漫長。

在高雄家的客廳，只剩我跟爸爸，還有另一半。我開口說：「爸爸，我跟佑佑準備要……」我爸馬上擋住我。

爸爸說：「你什麼都不要告訴我，其實我什麼都知道，但我不想聽你說。你做什麼我都祝福、都祝福，但可不可以不要參與？」

說完，爸爸就起身去房間，沒多久走下來，拿了一個紅包給我們。

爸爸說：「這給你們買套好一點的西裝。」

↵

結婚當天，爸爸真的沒有來，雖然全家都來了。

婚後第一次回家，爸看見另一半，就跟他說：「你以後也要改口叫我爸爸。」

我看著爸爸，眼眶紅紅的。爸爸，我懂的。

親情最動人的是不管你有多麼不願意，你還是會用盡全力地愛著。就算再怎

麼不懂得表達，愛還是會流露出來。

彩虹大叔說愛：
什麼都不說，卻什麼都為你做。

九層塔的滋味——

我的外婆：等等一起回家

外婆坐在門口，快樂地吃著女兒準備的九層塔蛋。
陽光灑在外婆滿足的笑容上，
這是我到了五十歲的今天，還不斷出現在夢中的美景……

我的外婆最愛吃九層塔蛋，這是一道簡單的家常菜。將切碎的九層塔葉加入蛋汁拌勻，之後再加入鹽、黑胡椒煎熟即可。

印象中，從小外婆就在家裡照顧我們三兄妹。

也許因為爸爸跑船，長年不在家裡，所以外婆沒有跟舅舅們住，反而跟我們住在一起。他老人家每次在吃飯時間，總是一手拿湯匙，另一手捧著一碗飯，從廚房到餐廳再到客廳，追著我們三個小孩，一口一口地餵。

外婆是童養媳，外公又很早就過世了。她一個年輕的寡婦，守著一間老舊的竹筒屋，還有一小塊農田，養大五個小孩。

在那個光復初期的時代，一個女人要自己種田養家，真的沒那麼容易。她就這樣一個人白天挑著菜跟水果，追著火車到處賣，晚上再到農田果樹林裡挑燈工作。

外婆最疼我們兄弟兩個，尤其是我。我直到國中，外婆還會在餐桌上為我撥蝦殼。但我從小就不懂事又調皮，每次被爸媽處罰，不開心大哭時，外婆要來安慰我，我還會生氣地叫她走開，一直趕她走、一直趕她走。

時間不曾阻止外婆的年紀越變越大，也許是年輕時操勞過度，外婆慢慢地有老人失智傾向，記憶一天不如一天。

每到晚上跟外婆一起睡覺時，她總是一再說起同樣的往事。

每天晚上，總有十幾遍外公過世、五個小孩還小，老大幾歲，老二、老三到老五幾歲的戲碼。每天晚上，也都會許同一個願望十幾遍。就是四月十號員林老家土地公廟會宴客，今年一定要回去。然後不斷說，太晚了，要早點睡，明天上課爬不起來。不到十秒，外婆又會開口重複剛才的戲碼跟願望。

外婆對同性戀很有好感，她常說，以前在戲班有一個男角，很「查某體」（臺語「娘娘腔」的意思），但每次演戲都放得很開，很有戲胞。外婆說，她一定是「坩仔仙」（以前人對男同志、有陰性氣質男子的說法）。外婆說他很可憐，因為娶不到老婆。

其實外婆怎知道我也是「坩仔仙」，而且在未來的臺灣，我們都可以娶到老公了。

↵

外婆老了，眼睛也慢慢地看不清楚。

媽媽聽說吃九層塔蛋眼睛會變好，於是家裡幾乎每天下午都會有九層塔香，也會看到外婆坐在門口，快樂地吃著女兒準備的九層塔蛋。陽光灑在外婆滿足的笑容上，這是我到了五十歲的今天，還不斷出現在夢中的美景。

外婆的老人失智症嚴重到常常忘記身在何處。

有一天，媽媽起床發現外婆不在房間，發現外婆在公園像發瘋似的一直喊叫，一直找人。

外婆喊的是我，找的是我。

她以為我還是小孩子，以為我走失了。一直喊著我的名字，然後念念有詞地說：「這孩子到底跑去哪？會不會找不到家？」

後來舅舅們就把外婆接回去住了。外婆就這樣在大舅跟二舅兩個兒子家輪流住。

高三那一年，不知道什麼原因，我媽說，外婆被送去臺南的老人院。

我記得我是哭著從學校跑回家。

從沒進過廚房的我，乒乒乓乓就胡亂煎了一大塊九層塔蛋。

我自己一個人從高雄騎腳踏車直奔臺南老人院。

我永遠忘不了那天，完全路不熟地在臺南瘋狂問路。

終於找到外婆。她一個人呆若木雞地坐在床頭。

當她看到我，竟然起身馬上要收拾行李跟我走。

外婆說隔壁床的好可怕，好像一直想偷她東西。外婆一直催促我趕快走。她說四月十號員林老家土地公廟會宴客，要趕快回去。

我只好一直安撫，拿著已經冷掉的九層塔蛋討好外婆。

外婆一口一口慢慢吃，卻一面說，冷冰冰的，真難吃。

當時我還只是高中生，我沒有權利帶外婆回家。

在外婆面前，我又必須表現正常地安撫她說，我們等等就可以回家，我們等等就會一起回家。

已經忘記當年的我是怎麼走出臺南的老人院。

只記得當我在養老院窗外，看著外婆慢慢吃著九層塔蛋的佝僂身影。

我一路騎著腳踏車，一路哭回家。

我發誓我一定要成功，我要讓外婆跟我的家人都相聚在一起，不會孤單。

↵

雖然後來舅舅們把外婆接回家，但外婆在我大四那一年過世了。

我自始至終都沒有機會親自孝養過外婆。

當我終於有本事一間一間房子買的時候，我最遺憾的就是無法把外婆接回來住。

但我現在很會煎九層塔蛋了。一次又一次的，我在鍋子中把那打好的蛋汁順利淋成一個圓。那個圓慢慢變成外婆的臉。

外婆，我真的很想您。

也許時間會讓腦中曾經的影像消失，熟悉的味覺卻會燃起你思念的記憶。

彩虹大叔說愛：

已經來不及了，還是愛著你。

同志最佳偽女友——

阿醜：有家人勝過有情人

小帥哥跟我妹妹一陣擁抱後，說我妹妹真是超nice，每次一起出遊都會假扮成他的女朋友，讓他省去很多麻煩。原來又是假裝的。

阿醜是我親妹妹，同父同母的妹妹，不是那種大家很愛認的乾妹妹。我妹阿醜其實一點也不醜，還是個美人胚子，會叫阿醜，是因為小時候有一次理光頭，我哥說好像布袋戲偶，所以就有了這個綽號。

從小我跟妹妹的感情很好，但是缺乏交心的那種好，因為我怕她看穿我是同性戀。所以就算我很關心她，她也很在乎我，我們還是不會一起出遊，或者互訴心事。

記得國小的時候，我在學校跟班上的男生手牽手，被其他同學看到。隔天，大家都跑來嘲笑我娘娘腔、變態、男生愛男生。

放學後，我看見妹妹跟同學在涼亭，眼眶紅紅地哭著，我問她同學發生了什麼事？她的好朋友說，因為大家都說我是娘娘腔愛男生，她就哭了。

那次開始，我就知道我的生活必須偽裝。

↵

長大之後，也不知道為什麼，妹妹常常帶很多朋友來我家玩，而且一看就知道是同志。

因為我們家頂樓還有一間視聽室可以唱歌，而我的房間恰好就在視聽室隔壁。每次妹妹的朋友來，我總是敬鬼神而遠之，深怕被看出我也是同性戀。說巧不巧，有一次我妹妹帶來的朋友裡，就有一個是我以前同志室友的男朋友。遇到這種狀況我只能裝病，在房間當宅男。

我在出櫃之前，偶爾還是會帶男朋友回家，當然會努力掩飾。而妹妹從來沒問過我是不是同性戀，卻跟我的男朋友都有說有笑。

每次聽到險象環生、幾乎要宣告出櫃的對話，我就嚇出一身冷汗，躲躲藏藏，只怕出櫃會傷了家人的心。

直到我四十歲時，交了一個青春的肉體，第一次老牛吃嫩草，卻被傷害到不能自已。回到家中，我不知怎麼宣洩自己的痛，那一夜，我忍不住找妹妹到視聽室，跟她出櫃了。

我妹妹聽了大笑，她說，我真傻，不早說。她早就懷疑，但我又死都不出櫃，每次她去同志酒吧玩，都好希望有個同性戀哥哥可以一起去。本來哭得死去活來的我，看到妹妹的反應，心情就恢復了一半。

後來，我真的跟妹妹一起去同志酒吧。

在酒吧裡，妹妹認識的人比我多太多了，每個人都來敬酒。我妹說，她太常來這裡喝，幾乎有一根柱子是她酒錢捐出來的。

就在Gay Bar喝得正爽時，來了一個熟男，妹妹直接叫他老公，我想應該是她男朋友吧。但他身旁竟然還牽著一個男孩子。

熟男說，妹妹是他的最佳偽女友，在同志世界之外，他有時還是要扮演一個孝順的孩子，要當公司主管。所以妹妹很義氣地常常跟著他到處應酬，深入他的生活。

沒多久，又一個成熟的小帥哥跑來叫我妹女朋友。我想說，這個應該就是男友了吧，因為他旁邊沒有牽著另一個人。跟妹妹一陣擁抱後，小帥哥說我妹真是超nice，每次一起出遊都會假扮成他的女朋友，讓他省去很多麻煩。原來又是假裝的。

我問妹妹，她到底當幾個人的偽女友？她說，只要朋友有需要都會幫忙啊！比較固定的，大概就三、四個吧。

終於了解，原來妹妹是同志圈的國民女朋友。

我妹的感情運一直很不好。男朋友不是年紀很大，就是莫名其妙變成別人的第三者。直到後來她遇上了修，是她第一次最快樂單純地愛上一個人。

修很孩子氣，每天帶著她到處跑派對聚餐，好像生活永遠沒有挫敗一樣。沒想到這段愛情還是維持不到一年，竟然被自己最好的姊妹淘橫刀奪愛。

妹妹走不出感情的挫敗，幸好遇見一群天生樂觀又很賤的同志姊妹淘。妹妹相信，同志總不會也來搶未來的男朋友了吧。

在他的假男友中，有一個叫桑椹的老公，後來跟妹妹發展成真正超越友誼的閨密關係。

桑椹是一個在事業上還滿成功的同志，他來自單親家庭，自從我妹當他的偽女友後，桑椹的媽媽就把妹妹當成自家媳婦。

桑椹的媽媽後來癌末，住在病房，妹妹也從頭陪到尾。桑椹媽媽走後，桑椹就完全沒有家人了，他甚至連房子都買我妹妹的名字！

桑椹常跟我說，他唯一的家人就是我妹妹。他說，年紀越大，越無法認真地交往一個小男朋友來折磨自己。他把我妹當成一個真正的老伴，沒有肉體關係的老伴。

一個被異性戀男子傷害而想自己過日子的女生，一個看盡男男情愛的中年大叔。誰說愛情一定要有性生活，原來這樣也可以成立另一種愛，也是一種愛情。

彩虹大叔說愛：
無性也可以有愛。

臺北首席腐女——

吳姊：看到兩個男生手牽手就很幸福

她一個異性戀女生竟然在Gay Bar當櫃檯；
她的朋友幾乎都是同志；
她在Gay Bar受歡迎的程度不比現在的張惠妹差，所到之處，萬Gay膜拜。

「腐女」一詞源自日本，有很大的一群女生特別愛看男男戀愛。但從原本只是愛看男男愛情故事，到現今開放社會這群男男愛情的支持者轉變為以實際行動支持，成為男同志的好姊妹。

這年頭，女孩子身邊沒幾個Gay密，好像會跟社會脫節似的，不管醜的美的，身邊總要圍繞一些男同志作為時尚標的。而且女生喜歡去同志酒吧喝酒狂歡，好像也越來越流行時髦。

女生跟同志到Gay Bar玩，除了覺得比較安全外，還有一個重要因素是同志普遍都玩很瘋，讓女生們玩得盡興又可以保護自身安全，一舉兩得。

我最早認識的一個整天混Gay Bar的腐女，是吳姊，那是三十多年前，我大學時代的事了。

吳姊堪稱臺北同志社會最早的腐女女王，在一九八〇年代，幾乎臺北同志圈無人不曉。

早期網路資訊不發達，同志要交朋友，只能在二二八公園或者是Gay Bar，交友圈真的很局限。

認識吳姊，就是在當時臺北最受歡迎Gay Bar「名駿」。

在十九歲涉世未深的年紀，我第一次見到吳姊，就被她這樣特別的女生給震驚到了。第一，她一個異性戀女生竟然在Gay Bar當櫃檯；第二，她的朋友幾乎都是同志；第三，她在Gay Bar受歡迎的程度不比現在的張惠妹差，所到之處，萬Gay膜拜。

每個週末，吳姊圓滾滾的身材都會在Gay Bar門口親切地問候大家。只要是第一次來的同志，她馬上開始身家調查，甚至連你交過幾個男友、喜歡什麼型的，都要問清楚，立馬輸入她腦袋的電腦資料庫。

後來才知道，吳姊這麼做是用心良苦。

吳姊早年感情很不如意，論及婚嫁的男朋友後來遠赴美國，消失無蹤。吳姊因為家裡是賣布的，幫忙顧店時認識很多買布的漂亮男生。她很愛看這些漂亮男生，都會算他們特別便宜，久了知道他們是男生愛男生，更喜歡上這種男男相愛的畫面，所以她才去Gay Bar上班。

之後除了同性戀的朋友，吳姊根本沒有其他直男朋友。她白天在布市專批發布給同志設計師；晚上又在Gay Bar當櫃檯，當同志月老，真的是全天候服務同志圈。

說吳姊是同志月老，真的不誇張，專業媒人婆都比她遜色多了。

從前，同志要認識新朋友或者談戀愛的機會比較少，但吳姊身邊永遠有一大票小鮮肉，所以她會撮合很多彼此有意思的同志朋友。例如，她知道王大哥喜歡陳小弟，只要陳小弟一到Gay Bar，吳姊會立刻通知王大哥快來，假裝是緣分的安排，讓兩人不期而遇，真的是非常專業又善用職務之便的好媒婆。

所以後來我才知道，吳姊在新人第一次到酒吧要做身家調查的目的，就是要在腦中進行配對。

我跟吳姊的因緣，開始於一段很失敗的單戀，那時我很迷戀一個臺大經濟系的高材生，每次都是吳姊製造機會給我。

約吃飯、約跑Bar，那時吳姊甚至還親自下廚，讓我跟高材生去她家吃吃喝喝。

可惜那位臺大高材生後來只回了一句「除卻巫山不是雲」，氣得我每天都叫吳姊帶我去看那座「巫山」到底長得多厲害？還不就是練得奶大大的、眼睛水汪汪的死屁孩。

不過我人生的第一次戀愛，也是吳姊介紹的。

吳姊猶如同志圈的公共母親，誰失戀、誰傷心，沒關係，她一定會撮合到每個人都幸福美滿。她說，因為她是標準腐女，只要看到漂亮的兩個男生手牽手或者卿卿我我，她就有幸福的感動。

撮合這麼多對同志姻緣的吳姊，很可惜，自己卻至今未嫁。或許就如江湖傳言，只要是跟同志走得太近、太要好的女生都很難嫁。

我覺得太多同志密友的女孩子，可能經常生活在帥哥堆裡，每天感受同志貼心又溫柔的一面，因此很難習慣直男的粗枝大葉吧。

還好同志都算有情有義。這幾年吳姊也退休了，雖然一個人住在山上養老，但很多當年的小朋友都長大，總會輪流載著吳姊到臺北吃飯散心，她還是很開心地看著這群三十多年前的小鮮肉們。

同志與腐女的閨密gay密感情，遠遠比一般所謂手帕交或者稱兄道弟是更上一層的親密關係。因為閨密gay密間有同愛男生相憐的情誼，卻不會有同性相斥的競爭，沒有比較的相愛，就更不計較了。

彩虹大叔說愛：

沒有比較，就更不計較。

無法跟異性戀相處的女人——

薇：沒有愛情，也沒有寂寞過

老闆看薇當總機小姐，每天很會跟同志同事與客戶們哈拉，最扯的是，還會互相引薦單身同志，促成許多佳偶。老闆覺得這實在太不可思議了，就把薇提升為業務主管，讓她發揮所長……

薇是我最親近的閨密。她比我大一歲，所以我都稱她一聲姊姊。

姊姊在一個幾乎都是同志的產業工作，所以她的日常都是與同志為伍。她的老闆是同志，她的員工是同志，她的客戶也是同志，連她最好的朋友，我也是同志。

其實薇在剛出社會的時候，是很享受異性戀生活的小女生。她有一票很會玩耍、愛喝、愛跳舞的姊妹淘，就在青春期，她跟著這群姊妹淘認識了丈夫。

結婚之後，她與老公合夥做一些小生意，日子也過得還不錯。可是沒想到男人有錢有閒，下半身就開始不安分了起來，她老公跟其他女性員工「歪哥」了。

正宮永遠都是最後一個認識小三。當薇發現不對時，他們夫妻倆合作的生意早就被掏空，人財兩失。

身邊的姊妹淘還風言風語說，當初發現小三時，一直在考慮要不要告訴薇，但又怕破壞別人婚姻，沒想到後來會這麼嚴重。

這些姊妹淘的話，反而更讓薇傷透了心。

離婚後，薇就投入職場，開始過上班族生活。這一轉職，她一做就做了二十多年。

薇剛開始上班是從總機小姐做起，她的老闆是完全出櫃的同志。對於本來生活在全異性戀圈子的薇來說，這是一段超級有趣的經驗。

也因為老闆完全不忌諱地在她面前大談特談要怎麼釣男人、怎麼駕馭男人，甚至怎麼在床上翻雲覆雨，這些都讓薇開了眼界。朝夕相處久了，她跟老闆就成了手帕交。

薇的老闆很厲害，事業也越做越大，陸續請了很多員工。也許是物以類聚，沒想到薇的同事除了幾個資深女員工之外，其他清一色全是同志，而且是男同志。更誇張的是，老闆在開發公司客戶時，接觸到的幾乎都是同志客戶。薇還常開玩笑說，搞不好這些客戶都是老闆一個一個睡來的。

老闆看薇當總機小姐，每天很會跟同志同事們哈拉，然後同志客戶上門或來電，薇也都很能跟他們瞎聊。最扯的是，薇還會互相引薦一些單身的同志，促成許多佳偶。

老闆覺得這實在太不可思議了，就把薇提升為業務主管，讓她發揮所長，搞定所有的同志客戶，以及同事部門之間的所有問題。

薇在他們圈子，簡直就像同志張老師熱線。

↵

薇上班工作後，還是斷斷續續地交了幾任男朋友，也跟一個名叫阿坤的在一起將近三年。

阿坤是標準的直男上班族，對於同性戀的聚會完全敬謝不敏，所以我們這班朋友要見到阿坤，不是那麼容易。後來當薇跟阿坤吵架時，幾乎所有朋友都一面倒地數落阿坤。兩人的生活圈越來越遠，也就越不容易走在一起了。

薇還有一任男朋友叫風，雖然風很愛跟薇的同志朋友聚會，但直男的話題跟同志們格格不入。例如，有些同志情侶不一定會分男女，但風就很愛問「誰在上、誰在下」。還有直男不知道為什麼特別愛問「男男怎麼做愛」「菊花會痛嗎？」等蠢問題。

姊姊習慣於同志朋友們個個都超會獻殷勤，嘴巴又甜，很多暖心的小舉動，這些都讓薇很容易對男友挑三揀四。

隨著薇工作越來越成功，越習慣與同志相處得舒服融洽，她反而不知道怎麼跟異性戀直男溝通，連工作上也是如此。

所以工作二十年了，她現在還是單身一人。

有一次，他們公司來了一個直男小男生助理，薇說每次看到小男生的穿著，她就快崩潰。有一次，她叫直男助理去幫她挑一件晚禮服回來準備參加派對，結果直男帶回來的是一件迷你裙，晚宴居然讓熟女主管穿迷你裙！

除了很難跟直男同事相處之外，薇也很怕遇見異性戀客戶。幾乎每次跟異性戀客戶談生意都以吵架收場。

薇說，直男客戶說要有質感的設計，當正式去提案時，都會發現直男所謂的質感都是臺味。也不是臺味不好，就是跟時尚差很遠。

現在薇還是整天跟同志們廝混在一起，而且怡然自得。她說沒有愛情，還是沒有寂寞過。異性戀真的太乏味了，她寧願陪目前這群gay密姊妹淘。

薇說，同志的英文「gay」這個字，可以當作是愉快的、快樂的、充滿樂趣的。所以當你跟一群這麼歡樂的人相處久了，很容易就回不去了。

薇的哲學是，**快樂從來就不一定是愛情給的，另一半也可以只是玩伴。**

彩虹大叔說愛：

快樂從來就不一定是愛情給的。

同志的直男好友——

長興：選擇朋友是緣分，無關性別

就見滿屋子的人，同志跟異性戀大和解，
直男們狂問同志的性愛方式，同志友人也狂問直男攻略。
每次吃火鍋，大家還要自嘲這一鍋簡直是AB鍋，AIDS+B肝鍋……

有些直男很怕跟同志做朋友。但同志真的不是什麼菜都吃的，好嗎？同志跟某些不是菜的直男，還是會有長久的純友誼。

我有一個認識將近大半輩子的國小同學長興，他從小就是一副要跟我搞曖昧的傻傻直男。

長興家做木材進口，所以每次放學，他都會邀請我到他家的木材工廠玩。工廠外面靠近河邊，河面上會有一根一根飄著的大木頭。

長興每次到河邊就很開心，然後約我一起跳上木頭，跨過一根又一根，跳到對岸去。長大後才知道，那其實很危險，萬一掉到水裡，小朋友根本無力移開巨木，會浮不出水面。後來我都虧他當時根本想找我殉情。

我們國中很不幸地又在同一班，國中時期最辛苦的就是下課後還要補習。因為我們國小就認識，所以補習他總愛靠過來跟我一起坐，然後一面上課一面偷摸我大腿，是很認真用手掌輕撫我大腿那種。等到我要反摸回去，他又花枝亂顫地說怕癢。或許正值青春期的男生，手真的很愛亂探索。

到了高中，也許是少年維特的煩惱。長興每次晚上都約很晚，找我一起出門騎單車。然後騎到湖邊，兩人就坐著一句話也不說。

說實話，我有一度懷疑他是不是要跟我表白，但他只是一個超級無聊的直男，常常一整個晚上也沒聊出個什麼屁來。

後來長大我認識很多異性戀男生，才發現原來真的有一狗票直男是那種很不會說話聊天的類型，有交際障礙。

上了大學，我跟一位大學男閨密因為準備同租一層在天母的公寓，缺室友，我就找了長興。就這樣，兩個同志跟一個直男同居了。

我的大學男閨密對長興很感興趣，因為長興又高又壯，從小就是足球隊長，所以男閨密經常上下其手，吃長興豆腐。

只要長興運動完一脫衣服，準備洗澡時，就會被我男閨密攔截，又抱又摸，撲倒的戲碼天天都在浴室門口上演。但長興超直，怎麼色誘還是勾引不上。

我們住在一起時已經大四，所以課比較少，大家時間也變多，整天窩在家裡。當然我們彼此都會找朋友來家裡玩，所以那時整個房子永遠都塞滿了人。

最好笑就是滿屋子的人，同志跟異性戀大和解，直男們狂問同志的性愛方式，同志友人也狂問直男攻略。每次吃火鍋，大家還要自嘲這一鍋簡直是ＡＢ鍋，ＡＩＤＳ＋Ｂ肝鍋。開開玩笑，可別貼標籤啊。

也許是因為大家長久相處在一起，習慣了同志的騷擾模式，長興的直男同學對於同志的友好與包容度也很寬廣，他們不會跟你談戀愛或者做愛，但你怎麼吃他們豆腐，甚至把他們衣服脫掉，他們永遠都只會傻笑。所以我常在想，是不是男生對身體的貞操觀念比較薄弱呢？還是男生習慣兄弟間的肢體語言，對肌膚之親完全不覺得有什麼異樣？

我這直男的同學們，後來跟我說他們很愛跟同志交朋友。因為他說同志身邊女生特別多，可以藉機認識很多辣妹。這好像有點道理，因為同志的女閨密特別多。

↵

有一天，長興失戀了。

我問他：「你到底喜歡什麼樣的女生？」他說：「我喜歡瘦馬型的！」原來直男真的把女朋友當馬了。

於是我就把在Gay Bar每天跟我們混在一起的超級平胸妹帶回家。

我覺得同志真的是一群很會當媒人的傢伙，因為大家嘴巴都很會講。相親當天，大家在家裡聚會時，你一句、我一句，很容易就把沒碰過太多女生的直男跟每天混Gay Bar的腐女湊成堆。現場氣氛搞得好像他們天生註定，三生三世前早該在一起了。

後來他們真的結婚，我還從臺北趕下高雄，包了個大紅包。

我跟直男長興四十年的友情沒有斷過。

他跟腐女生了一男一女。有一次他們帶著他的大女兒跟我去Gay Bar玩，女兒就問：「你們怎麼那麼愛跟同性戀朋友在一起啊？」

他們回答說，**選擇朋友是一種緣分，跟他們是不是同性戀或異性戀無關。不論你未來選擇何種性別的另一半，都要尊重別人跟你可能不同選擇的愛情樣貌。**

長興說，**我們何其有幸，最好的朋友剛好跟我們有不同的性取向，所以讓我們互相學習更多，重點是，我們都一樣幸福。**

愛情沒有固定的樣貌，友情也是。

彩虹大叔說愛：

我們不一樣，也可以一樣幸福。

瘋狂人生的乾弟弟——

阿偉：追不到就當兄弟吧

阿偉原本也是想追我。但他不是被我拒絕才結拜，而是看穿我的本性，追不下手。

不知道為什麼，同志圈總是很流行乾弟弟、乾哥哥這類關係。大部分同志會這樣認親，聽說有百分之八十都是想追求追不到的對象。我也有這樣一個乾弟弟阿偉，當然他原本也是想追我。但他不是被我拒絕才結拜，而是看穿我的本性，追不下手。

據他說，我跟他相識的過程很像童話故事。

有一次，他陪一個朋友去參加舞臺劇的演員徵試，而我也剛好去參加那場徵選。他一見我上臺，就被我的笑容融化了，我演唱臺語歌曲《港都夜雨》時，更萌到把他迷得團團轉。

人的緣分有時候就是註定好了。過沒幾天，我陪一個女閨密去喝酒，女閨密竟然跟他也是好朋友。

我們兩個認識之後，他才發現，當時在劇場看到的我都只是表象，原來我跟他一樣，生活上也是瘋子。例如我們去同志酒吧，會一起到處搭訕人，虧虧小帥弟，也會忍不住動手吃吃小豆腐，兩人活脫脫就是一樣的個性。於是我們就決定結拜當兄弟了。

↵

阿偉是標準富二代，家裡事業做很大，除了衛浴設備的工廠，甚至還有加油站。認識他時還只是五專的學生，但每個月生活費就有六位數字以上！第一次去他家作客，真的嚇到我了，他家竟然是棟有護城河的別墅！

他的瘋狂事蹟不勝枚舉，代表作是有一年他買了一隻德國進口純種狼犬。七月暑假大熱天，他怕狼犬太熱，全家開超強冷氣，後來自己又太冷，忍不住拿出烤爐在房間取暖。他也可以為了追在美式餐廳工作的小男生，跑去餐廳應徵服務生，然後每天開著他的百萬轎車上下班。

退伍後，阿偉的父母破產了，家道中落，舉家搬到國外，他也就遠走德國念書。

他從一個富家公子，到自己想辦法進口比賽冠軍犬做生意，養活自己跟付學費。等到風頭過後，他才又回到臺灣，開始他的業務人生。

阿偉沒有因為失去富裕生活而變得自暴自棄，反而在外商投資公司做得有聲有色，回饋家人，換他變成全家的經濟支柱。

事業穩定後，他也交了一個男朋友，兩人一起租一間小公寓，看起來十分幸福。沒想到他的瘋狂人生又繼續瘋狂。就在阿偉跟男朋友歡度相愛滿五週年沒幾天，阿偉竟然跟男友提分手，原因是兩人昇華成家人，沒有激情了，也不是不愛，只是不再有衝動。

當他的男朋友還在哭哭啼啼、準備找房子要搬出去時，阿偉突然心肌梗塞，死在男朋友的懷裡——應該算是前男友。

當阿偉過世的消息傳開後，那段時間，他的臉書突然變得很精采。不斷有連我這乾哥哥都不認識的人，貼文紀念跟阿偉之間的愛情，一則又一則地出現。

有人說，難忘去他家的那一夜，有人說，無法忘記他的溫柔，甚至還有貼文說，至今還感覺得到他的雙手觸碰自己的肌膚，而且每個人的時間幾乎都是跟前男友重疊。他前男友氣得跟我哭了一整個晚上。

我覺得阿偉人生最精采的部分不是他在世時，而是在他的喪禮。

雖然這樣說有一點對往生者不敬，但依我對阿偉的了解，他一定同意這一點。

我乾弟弟是出櫃的，所以他爸媽、親戚都知道他的朋友幾乎是同志。喪禮當天，彷彿是同志黑西裝派對，幾乎所有同志朋友都是整套黑色正裝現身。每個人一看就知道是精心打扮，還故作嚴肅。最扯的是告別式時，突然來了好多像是未亡人一樣的小帥弟，每個人都哭倒在遺像前。

我回頭看了阿偉的前男友一眼，他對我翻了一個幾乎到屁眼的白眼。

阿偉真的過著瘋狂人生，到離開人間都是。

要寫這篇時，我其實有點緊張，因為我不知道該如何著手寫阿偉的故事。到底要詼諧地說，還是感傷地說，畢竟失去這麼相愛的乾弟弟。

他每年都會參加我的生日派對，但我卻沒能幫他慶生。

奇怪的是，他要走的那一年，我不知哪根筋不對，硬要幫他慶生，原來這是他生命的最後一個生日。

我一直很驕傲認識他這個乾弟弟。我常驕傲地說，他是我乾弟弟。我常驕傲地說，認識了一個這麼特別的人，包括他跟我的故事。我常驕傲地說，他在盛夏冷氣房裡吹暖爐的奢華，就如我感到很驕傲能參與他奢華的一生。

認識他二十六年，四分之一個世紀。我記得他生日的最後一個願望說，不管是嫁還是娶，都希望能找到真愛。也許他的真愛在天上吧。

喪禮過後，我再見他前男友，他沒有怨恨阿偉過世後爆出這麼多緋聞，只是很想他。

也許有時候真正的愛，不是在當下，而是事過境遷才知道那是真愛。

畢竟愛一個死人容易多了，因為他不會再犯錯。

彩虹大叔說愛：

事過境遷還是愛。

查埔新婦男媳婦——

阿東：是我選擇守著你

神明跟阿東說，
阿東如果放棄現在的對象，其實還有一個更好、更愛他的男人等著他。
但他決定還是跟這個男伴在一起。

我的死黨阿東，跟他的男伴在一起已經十幾年，兩人之前在西門町紅樓一起經營一家咖啡廳，阿東會像媽媽桑一樣周旋在每桌客人之間。

阿東是虔誠的修行人，因為虔誠，所以有時候也很迷信。

有一次他偷看男伴的電腦，發現他竟然跟員工搞曖昧，而且感覺已經愛到想要拋下一切。

阿東第一時間並沒有找他男伴談，而是拉著我去宮廟問神明。

神明跟阿東說，員工對阿東的男伴其實沒有意思，只是他男伴單方面追求而已。但阿東如果放棄現在的對象，其實還有一個更好、更愛他的男人等著他。

阿東跟我喝了幾次酒，悶了幾天，他決定還是跟這個男伴在一起。於是他跟男伴攤牌，男伴聲淚俱下，說自己也很徬徨、矛盾。

阿東陪著他把咖啡廳收了，解散員工，離開紅樓這個處處都是同志誘惑的地方。

↵

之後，他們搬回到男伴的故鄉花蓮。

男伴的爸媽其實都還健在，雖然年紀有點大了，但還不需要照顧，所以他們自己又買一間房子，沒有跟爸媽住一起。

剛開始，阿東是以室友名義跟男伴父母見面。有時候男伴的父母到家裡來，阿東總刻意假裝自己是住在另一間書房。雖然阿東總會在飯後切水果、整理家裡，甚至陪著兩老聊天散步，但還是僅只於陌生的長輩與年輕人的關係。

阿東的母親有時也會去花蓮看他——阿東已經向家人出櫃了。但阿東的母親只要去花蓮，都不住阿東家。

我問過阿東媽媽，為什麼不住自己兒子家？阿東媽媽說，沒名沒分的，住了也是尷尬。

十年過去，阿東男伴的父母越來越老，幾乎很難自己打理煮飯清潔的工作。阿東的男伴是家中唯一的男生，還有一個智力障礙的姊姊，跟一個已經嫁人的妹妹。

阿東開始每天都得去男伴父母家幫忙打掃，採買用品。有時候阿東的男伴需要去台北工作，阿東也只能一人扛起照顧對方父母的責任。阿東說，因為老人家比較早起，有時候前一天很晚睡，但五、六點就接到老人家電話，他只能奮力起床，趕去照顧沒有任何名分的長輩。

阿東還說，從前年開始，男伴家智力障礙的姊姊突然連大小便都不能自理了。原本兩老還能幫忙，但現在兩老自己都很難照料自己，只能全靠阿東。

阿東說，他自己身為同性戀，真的很難突破心理障礙，幫一個女生清理下半身。他這輩子從沒見過的器官，如今卻硬生生地在眼前等著自己清潔。

我聽了好心疼，但也很感動我死黨愛屋及烏的真心。

去年，同志婚姻終於通過了。阿東是個一直都很希望走入婚姻的人，所以他不斷明示暗示自己的男伴是否要結婚，但他男伴始終不為所動，氣得阿東跑來跟我哭訴很多次。

有一次，我打了一通電話給阿東的男伴。

我說，暫且不提阿東這幾年對他家的付出，我只說當年他跟咖啡廳員工搞曖昧之後，我們去問神，神明說，有一個更好的男人等著照顧阿東一輩子，但阿東最後還是選擇守著他。

沒幾天，我很開心地收到消息，阿東跟他的男伴登記結婚了。

其實阿東的男伴很愛阿東，只是他覺得沒必要在乎那一紙婚約。但如果做一件沒什麼大不了的事，能讓你愛的人開心，何必堅持自己的不在乎呢？

↵

結婚之後，雖然阿東跟另一半還是沒有跟公婆一起住，但每天接公婆到家裡吃飯，已經變得理所當然。

阿東不再需要假裝室友，刻意從書房走出來，終於可以大方進廚房，燒一桌好菜給公公婆婆吃。

每天飯後，阿東總是扶著公公到海邊散步，也會帶著婆婆一起去菜市場買婆婆愛吃的菜。

後來，聽說阿東跟另一半帶著阿東的媽媽還有弟弟一起去日本玩。我笑阿東媽媽說，妳好命喔，怎麼一起出國玩就不會尷尬了？阿東媽媽跟我說，現在有名有分了，不一樣了。

其實，怎麼會不一樣呢？

男女、男男、女女，只要有愛都一樣。

彩虹大叔說愛：

就算不在乎，也要懂得給。

第五篇

這樣軟弱
也是愛

誠實面對自己有時候很傷人，

因為我們不一定是好人。

↵

↵

↵

Enter

不能出櫃的巨星——

阿爆：面具外的風風光光，面具後的遮遮掩掩

幾年之後，我再見到阿爆，真的非常非常開心，我很熱絡地去跟他打招呼，沒想到他表情冷淡地說他要準備，請我離開……

阿爆成名得很早，而且一度紅透半邊天。

認識他是因為我的結拜兄弟。有一天，我乾弟弟約我去跳舞，說要介紹他的新男友給我認識，一去舞廳就看到阿爆。

那時候我乾弟弟介紹阿爆是他新男友時，著實讓我嚇一跳，因為阿爆真的是巨星，華人世界無人不知、無人不曉。

我們大家一起下舞池跳舞，沒想到這樣的巨星完全不在乎別人眼光，舞曲一播放，他就完全失控，還把自己頭髮綁成沖天炮頭。當瑪丹娜的音樂一響起，這位巨星完全化身成瑪丹娜的樣子，騷首弄姿，還面帶淫笑。這跟螢幕上的阿爆簡直是天壤之別。

阿爆和我乾弟弟交往是他正在轉型的時期，所以也比較多時間出門約會。阿爆和乾弟弟同年，二十出頭正是年輕氣盛，熱戀期間兩人當然愛得濃烈。

在當時民風保守、而且狗仔還未盛行的年代，阿爆竟然被某大週刊拍到在車內與乾弟弟愛愛。不是熱吻而已，是真的沒穿衣服的愛愛。

據我乾弟弟描述，當時他們一起去淡水海邊玩水。後來情不自禁，就把車子停在偏僻小徑，欲火焚身，一發不可收拾。沒想到旁邊有人經過，把他們拍了下來。

好在當年狗仔文化尚未發揚光大，《壹週刊》跟《蘋果日報》尚未進軍臺灣，所以阿爆的經紀人就用錢把新聞買了下來，總算沒讓偶像醜聞曝光。

經過這次教訓，阿爆跟我乾弟弟變得比較謹慎。約會怕被別人發現，於是他們常常約在我永和的房子見面。兩個人一前一後地來我家，進房後我就像隱形人一般。說真的，我的房子在那時真像是間砲房。

他們交往半年後，我乾弟弟就入伍當兵了。沒想到乾弟弟竟然抽到海軍，新訓三個月都在高雄左營受訓。所以我高雄的家，又變成他們私會的轉運站。

新訓中心幾乎是沒有放假的，那時候阿爆只要有空就去左營會客，然後住在我家。記得有一次會客，我乾弟弟軍中班長的女友是阿爆的歌迷，一看到他就衝來要合照，阿爆緊張地一直說其實他是我表弟，跟我乾弟弟不熟。

其實說是親戚，也不會有人懷疑，真是此地無銀三百兩。

↵

我乾弟弟退伍後，沒多久他們就分手了。

他們分手前那陣子，幾乎每天都起爭執，阿爆很常打電話給我訴苦。

他說，我乾弟弟太閒了，幾乎每天都黏著他去工作。為了掩人耳目，他們都謊稱乾弟弟是阿爆的助理。但乾弟弟天生就爺兒命，假裝助理，卻每天戴著墨鏡，還找最舒適的椅子癱在那邊，好像他才是老闆一樣。連阿爆經紀公司的人都緊張地問，怎麼會請了一個這麼奇特的助理？就這樣吵著吵著，兩個人最後分手了。

幾年之後，我再見到阿爆是在工作的場合。

那時候我剛好在一個電視節目幫忙，他也來當特別嘉賓。看到他真的非常非常開心，我很熱絡地去跟他打招呼，沒想到他表情冷淡地說他要準備，請我離開。

後來狗仔盛行，聽說我乾弟弟的閨密去當他的緋聞女朋友，假裝讓記者拍照。再後來，又一次在工作場合見面，我們彼此已經沒有打招呼了。

直到一場共同朋友的婚禮上，我又再碰見他，這次阿爆主動跑來跟我說話。

他說，他很珍惜自己可以紅這麼長時間，在轉型之後還可以有另一個巔峰。所以在工作場合他不敢跟我打招呼。因為我是公開出櫃的同志，他怕別人會覺得他也是同性戀。

其實我能諒解，公眾人物保護自己的心態，所以也就釋懷。我不強求一定要某一個閃亮發光的人當朋友，即便我曾經幫助過他。

↵

沒多久，乾弟弟回國，他與阿爆分手多年後終於和解，變成好朋友。大家都長大成熟了，反而更懂彼此的需要。我這和事佬也就可以退隱了。

幾年前，弟弟心肌梗塞，突然過世，阿爆在電話那頭哭了很久。

他託我包白包，但他本人沒有出席。

他說他已經四十多歲，沒有結婚的男藝人，太多人會胡亂猜測。而且喪禮有八成都是乾弟弟的同志朋友，所以他沒有勇氣去送他最後一程。

我問他：「你快樂嗎？」面具外的風風光光，面具後的遮遮掩掩。

他說，他真的不快樂，但滿足了。

對於某些人，財富事業是遠遠勝過所有感情的，也許愛情只是敬陪末座。

彩虹大叔說愛：

在財富事業面前，愛情有時只能敬陪末座。

霸氣教授的軟弱深櫃——

大白：沒有勇氣做自己

大白說，老師要有老師的樣子，
就算幾乎所有同學都猜他是同志，他與小虎的戀情也被很多同學撞見，
大白還是常帶著一個掩飾用的女友在校園出現。

大白是我學生時代最親密的同學。

我們同樣都是高雄人，同樣是男同志，同樣的星座，修同樣的課。所以在學期間幾乎形影不離。

大白是生長在富裕人家的小孩，五官長得非常好看俊俏，又是長子，所以從小就是集三千寵愛於一身。

他的初戀在大一的時候，他迷戀上一個剛入伍的男生。但那男生對他若即若離，只有在軍中需要一些補給物資時才會出現。最好笑的是，每次大白跟我分享情書，只看到前面兩句很想你，之後就是一堆物資清單，希望大白寄給他。

兩年後那男生退伍，也默默離開大白。我想從小沒受過挫折的大白，一定受到很大的傷害，我以為公子哥兒一定是買醉墮落來排解失戀，但他沒有。我只看見大白突然周旋在很多事業有成的中年大叔身邊。

也許有些人治療傷口的方式，就是成為傷害他的加害者。

直到大白畢業，他在Gay Bar、在學校都是外形耀眼、吸引眾人目光的小鮮肉。他沒有再交任何男朋友，但他身邊從沒缺過護肉使者。

表面上，大白是個霸道的朋友，對任何人總是頤指氣使。我從小家境比較不好，所以在他身邊，就好像書僮一般跑東跑西。例如，我們只要一起去酒吧，雖然他早有許多富商名流的甜心老爹，但大白還是很喜歡一些小鮮肉，我只能去幫他認識指定的小帥哥。

縱使大白很霸道，但還是很講義氣的好朋友。

在學校時我的英文真的不太好，沒有人願意跟我同一組練習對話，大白一定自動來幫我練習。

有一年春節，我的初戀男友劈腿我其他朋友，大白就連年夜飯也沒吃，陪我趕下屏東捉姦。我們的情誼就這樣一直延續到大學畢業。

大學畢業退伍後，大白就去美國念書了，標準的富家子弟行程。

回國後，大白開始在各大院校教書，一步一步往上爬，當上了正式教授。

人有了安定的生活，就想有一個伴。我一直覺得大白那個愛開清單的軍人及他周旋的那些富商，根本不算男友。三十多歲的年紀，他終於交了第一個男朋友小虎。

大白與小虎的交往其實也是幾經波折。

某一天，小虎一個人去健身房，先認識一個空少，當天又認識大白。三個人就發展了猶如連續劇的三角關係，空少喜歡大白，大白喜歡小虎，小虎又喜歡空少。後來空少退出，離開臺灣，大白跟小虎才正式在一起。

有了穩定工作，有了穩定伴侶。同志在這時期最煩惱的就是面對出櫃問題。

大白個性霸氣，對任何人都沒怎麼放在眼裡，但他就是不敢讓別人知道他是同志。他可以在同志酒吧玩得很瘋，可以在同志聚會裡尖酸刻薄、妖氣毒舌，但他就是不敢讓其他異性戀知道他是同志。

所以學生時代可以跟他家人說，那些富商是乾哥，可以跟同學說，他帶的小鮮肉是乾弟。但現在穩定交往、經常出現在生活中的另一半，該如何假裝呢？

剛開始，小虎幾乎沒在他家人面前出現。霸氣教授後來自己也買了房子，獨自搬出來住。所以他們可以很安穩地過兩人世界，但只要大白的爸媽去他家，小虎就要趕快找牌局，消失一下。

大白教書的學校在南部，雖然是比較保守的地方，但年輕學生對於同志這一塊並沒有太多非議，尤其大白教的科系也屬於同志群聚的系所，但大白始終不敢在學校出櫃。

他說，老師要有老師的樣子，就算幾乎所有同學都猜他是同志，他與小虎的戀情也被很多同學撞見，大白還是常帶著一個掩飾用的女友在校園出現。這位掩飾的女友是從大白學生時代起就很要好的閨密，一直未嫁，就當了二十年有名無實的大白嫂。

大白沒有勇氣出櫃，最極致的表現是多年後的另一件事。

他三十多年的死黨「我」終於要結婚了，席開五十桌，邀請所有親朋好友、同事夥伴都來見證幸福。人生這麼重要的日子，當然一定邀請他當座上嘉賓，大白卻缺席了。

那一天，大白的得意門生、大學時代的同學及老師，甚至大白掩飾用的女友閨密都到場了，但他始終沒有出現。

他說，如果我娶的是一個女生，他一定參加。但我結婚對象是男的，擔心參加同志婚禮會讓別人懷疑他也是同志。

我聽了很難過，但我難過的並不是摯友沒參加我的婚禮。我難過的是縱使同志婚姻已經通過，同性戀異於普羅社會觀感的枷鎖還是沒有斷開。我難過原來在這異性戀為主流的社會下求生存的我們，並沒有足夠的勇氣做自己。

即使能霸道過一輩子，面對自己才是最難的。

彩虹大叔說愛：

在人前霸道，在愛裡軟弱。

算盡愛情算不懂自己的同媒——

恩公：算命的癥結

認識恩公後，他簡直變成我的愛情顧問。
每次恩公算不好的人，
我陸續都會發現對方不是真心真意的行為……

我恩公是個很會算命也很愛算命的同志，還上過《康熙來了》介紹算命的心路歷程。他算命的主要媒介是利用八字，搭配卜卦。聽恩公說，他的師父是九天玄女，所以還會一點通靈。

恩公本來到我們公司應徵工作，後來覺得交通不便就放棄了。沒想到一加臉友，發現我也是同志，兩人因此變成好朋友。

認識恩公後，他簡直變成我的愛情顧問。我只要有新的曖昧對象，馬上約他算算是否有緣分。如果沒有緣分，而且可能是不好的人，他就會叫我趕快放棄。

每次恩公算不好的人，陸續都會發現對方不是真心真意的行為，我就覺得很準。恩公還有兩個都是以算命為興趣的死黨。他們各有不同專長，一個主修南極仙翁的通靈，一個主修準提佛母的紫微斗數。他們還會一起幫我算命，一起交換心得看法，交叉比對準不準。

有一次，我認識一個超級可愛的廣播ＤＪ，他其實有一個在一起很久的老外同居人。但他又說，他們其實算是室友而已，不再是情人，所以我們開始約會。但我還是一直擔心，會不會又是一個愛情陷阱？在兩難的心情下，當然又找了算命密友，請恩公幫我卜卦。

恩公的卦象顯示出他沒有說謊，那個老外真的早就變成單純室友；南極仙翁通靈的說，但我們的感情不會長久；準提佛母的斗數則確定我們兩人會有肉體關係。果真沒多久，我就巧遇老外，釐清他們的關係後，所有疑雲消散，而且我們也真的發展到親密關係。更準的是，不到三個月我們就分手了。

從此我對這位恩公非常心服口服。

跟恩公最神奇的故事就是他幫我介紹現在的另一半。

有一天，我突然接到恩公的電話，他正在幫網友算命，沒想到這網友的命盤八字，竟然與我有深深的緣分。恩公鐵口直斷，我們兩個會是非常棒的天作之合。

可是剛看到恩公發來的照片對象時，我覺得眼緣還好。但基於對恩公的信任跟服服貼貼，隔天還是約了網友見面。

剛開始我真的覺得雙方沒有什麼話可以聊，我想這次恩公要砸招牌了。

恩公說，我要有耐心再多試幾次，他就陪我們約會了好幾次，讓我們更熟悉彼此。

沒想到後來，我真的深深愛上對方。大約三個月後，兩人越相處越融洽，甚至雙方的家人都很合得來，兩個家庭簡直融合成一個大家庭，真是同性戀世界裡人們最大的盼望。

之於我的愛情，恩公算得這麼準確，但他自己的感情運卻一直非常不好。

他每次交到男朋友，都會找大家聊聊。他說，他不能算自己的事情，也不能替自己卜卦，所以只能約其他兩個南極仙翁通靈跟準提佛母斗數來幫他看。但偏偏每次覺得會有好結果的對象，終究還是不合而分手。

恩公本來就是個極度喜好日本文化的人，有一次，他認識一個日本男生，沒多久就陷入情網，愛得不可自拔。日本男生很喜歡交臺灣朋友，在他們開始遠距離戀愛時，就叫我們這些臺灣朋友加這日本男生的臉書，讓他可以多認識一些臺灣人。

後來，恩公遠赴國外跟日本男生度了大大小小的蜜月之後，遠距離讓他很沒安全感，於是又找算命死黨來算這段愛情。

南極仙翁通靈跟準提佛母斗數都一致認為，這名日本男生是恩公的真命天子，連恩公本人通靈問九天玄女，也都感覺到真的是最對的人。

沒想到恩愛期沒多久，他們就開始有些爭執，據稱雙方都管彼此比較嚴格。於是恩公又找大家要重新算一次這段愛情。

重算的結果，他們還是天生註定，但有個不一樣的發展。他們突然說，我會是他們感情的阻礙，日本男生認識我之後，他們的愛情會因為我而變質。當場他們就下令我要解除日本男生的臉書好友，還要封鎖他。

其實自始至終，我壓根沒見過那個日本男生，也沒有跟他聊過天。我都不知道這樣是要怎麼破壞他們的感情。

之後，恩公就跟我漸行漸遠，很少再跟我碰面了，我知道是因為算命的癥結。一年後，他們還是分手。到他們分手為止，我還是沒見過那個日本男生。

這一次，我真的不知道算命到底準不準了？

也許有時候，命定就是有各種巧合，如果不屬於你，再怎麼用盡心力，還是無緣。

算盡了愛情，或許不如算懂自己。

彩虹大叔說愛：

不屬於你的，再怎麼用盡心力，還是無緣。

我出櫃後的女朋友——

圓圓：感情裡有勉強二字，終究會分開

我們就在眾目睽睽下親了第一個初吻，
這也是我人生中第一次跟女孩的初吻，
那一年我三十歲。

我真的交過一個女朋友，不是偽女友擋箭牌，也不是欺騙對方裝異性戀要騙婚。她知道我是同性戀，我們又正式交往在一起，是我的正牌女朋友。

認識圓圓時，其實她有男朋友，我也有男朋友。她是我公司的美編，一進公司我們就非常友好，我只要跳上桌子大跳猛男舞，圓圓就會在臺下吹口哨，大聲拍手叫好。所以認識的第一天，我就出櫃自爆是同性戀，她開心地回說，自己最

愛看同性戀愛秀的樣子。

圓圓說她男朋友在當兵，其實兩人已經淡得快分手了。而我的男朋友一直無法確定自己愛男生，還一直想交女朋友，要我介紹女生給他。於是我突發奇想地問圓圓，要不要介紹自己喜歡的男生給她認識，沒想到她一口答應了。

我真的介紹了男朋友給圓圓，我男朋友對於圓圓簡直一見鍾情，開始展開熱烈的追求。

那時候我跟男友其實已經沒有什麼熱情，我也算很認真地要撮合他們，常約他們出來見面。不過感覺起來，圓圓對我男朋友有點興趣缺缺。

有一天，男友叫我去問圓圓到底要不要跟他交往，我只好打破沙鍋問到底去問了圓圓。

圓圓很哀怨，回了我很震驚的話。

她說：「你看不出來，我答應讓你介紹男友，就是想要接近你嗎？」

我回：「我是愛男生的啊！」

圓圓執意說：「你為什麼不願試試看，也許愛情會改變啊。」

長久以來，只有我說服直男要不要試試男體的愛戀，萬萬也沒想到有朝一日會有個女生問我要不要試試女體的愛戀。

我啞口無言，不知如何拒絕，還真的答應她交往看看。

↵

剛開始交往時滿開心的，每天帶著一個可愛的女孩到處跑，對於愛面子的我是真的很爽。尤其長期在同志世界必須遮遮掩掩的親朋好友交際圈，我好像如魚得水地找到大男人的尊嚴。

我記得有一次在父母家裡，飯後倒在沙發上休息。我哥的女朋友正在替他按摩，圓圓也跑過來幫我捏肩膀，我爸媽就開心地說：「你看這兄弟倆都是好福氣，一家和樂無窮。」

但問題來了，當同性戀遇上肉食女，肢體的互動該怎麼辦呢？

我記得我們第一次初吻，是在圓圓的生日派對上。那一天，她邀請了很多朋友到家裡舉辦生日派對，因為我是她公開的男朋友，當然備受矚目。

我選了一條很可愛的金項鍊當作祝福，就在拆禮物時，我們被大家拱要接吻，於是我們就在眾目睽睽下親了第一個初吻，這也是我人生中第一次跟女孩的初吻，那一年我三十歲。

初吻之後，一般來說就應該會進展到肉體的關係。但說真的，我對於女生的身體真的沒有拆封的欲望。在那個年代，再怎麼肉食女也不太可能餓虎撲羊地直接扒光男生衣服，而且圓圓也不是瘋狂的女生，我們就這樣一直僵持了大半年。直到有一次，我們一起南下旅行。

我安排旅行非常仔細，從每天要享受哪些南部的美食，還有哪些特殊的景點，要見什麼朋友，都妥妥當當。住的也不差，都是星級飯店，不是一般的小旅館。但到了晚上，我們共枕一張床時，就是我最心虛的時候。

我碰也不是，不碰也不是。碰了，真的不知道怎麼開始，我會不會硬？我會喜歡女生的身體嗎？不碰，會不會覺得我不愛她？會不會覺得我是陽痿？就這樣，每晚的掙扎到最後什麼事情都沒有發生。

回程的路上，她在車上就開始哭了。我問她哭什麼？她說：「這次旅行一點都不好玩！」我驚訝的說：「哪有不好玩就哭的道理？」

一路無言，我也有點不高興。我這麼盡力安排，她竟然說不好玩，敗興而歸的我們各自回家。

突然，圓圓消失了好幾天，沒來上班也沒接電話。

三天後，她終於出現。

她說，不是覺得旅行不好玩，只是很傷心為什麼我不碰她。我說，我就同性戀，我真的不會對女生做那檔事。

她以為我已經改變了，同志要變直，對我而言真的太難了。

圓圓說，我們還是分手好了，消失的幾天，是他當兵的男友回來了，她要回到他身邊。換我哭了，真的有掉眼淚。

↵

多年後，我們在路上巧遇，她結婚了，而且有了小孩。而我正準備跟現在的另一半舉辦婚禮。我問她，要來嗎？她說，老公會介意，還是算了。

她感慨說，感情裡有勉強兩個字，終究會分開。

我說對啊，愛情是身心靈的活動，缺了任何一個都會是遺憾。

因為愛情裡面沒有將就湊合。

彩虹大叔說愛：

愛情是身心靈的活動，缺了任何一個都會是遺憾。

老一輩的同志人生——

阿丁表哥：滿足寂寞，就夠了

表哥出櫃的方式跟現代人不太一樣。我舅舅是演員，習慣在演藝圈光怪陸離的世界生活，在那個民風保守的年代，我表哥從小就把自己當成女孩子一樣打扮。

我有一個表哥，是從小出櫃的同志。

他是我舅舅的小孩，大我整整十五歲，也就是當我還是懵懵懂懂的小孩子時，他已經是出櫃的成年同志了。

我還記得很小的時候，大約國小一、二年級，我跟我哥很喜歡一個社會寫實片的武打明星。表哥就把我們叫到房間來，叫我們不要迷戀那明星。因為那個演員是同性戀，他是男生愛男生。

其實那時候我已經似懂非懂男生跟男生的事情，所以經他這麼說，我反而更喜歡那演員。但我實在不明白，他自己也是男生喜歡男生，為什麼要反對我們喜歡性取向不同的明星？

後來慢慢發現，原來在那個年代，同志的自我認同感偏差。常常覺得自己就是跟別人不一樣，屬於差一點的族群。

↵

表哥是怎麼出櫃的，好像跟現代人的出櫃方式不太一樣。

我舅舅是演員，習慣在演藝圈光怪陸離的世界生活，所以在那個民風還很保守的年代，我表哥從小就把自己當成女孩子一樣打扮。我舅舅跟舅媽也完全沒有覺得任何不妥的地方。

舅舅總是說：「伊得是『坩仔仙』啊。」「坩仔仙」是那個年代老一輩臺灣人對同志的稱呼，好像一切都理所當然。

大學之後，我開始也變成標準的同志。但我一點也不敢出櫃，尤其還在學生時代，總覺得爸媽一旦知道我是同性戀，天都塌下來了。

但有一天，發生了一件史上最荒唐的事情。

那天大學暑假回高雄。因為在臺北已經習慣週末都跑去Gay Bar喝兩杯，所以回家鄉也要約三五好友，到高雄的同志酒吧坐坐。

不知道為什麼，高雄的同志酒吧就是比較暗，而且每張桌子與桌子之間的距離都比較遠，很像小包廂，分成一個一個區塊。

在我就定位之後，我隔壁的區塊突然有個老人的聲音叫我的乳名，轉頭一看，竟然是我外婆！

天啊！真的就是我外婆在Gay Bar叫我的乳名！

我外婆是民國前十年出生，她就穿著清朝的老婦人裝，坐在同志酒吧叫我。

定睛一看，我舅舅全家，所有表哥、表姊跟姪子，全部都在我表哥的帶領下來Gay Bar。

當然，我舅舅一定跟我爸媽說了，我就這樣被出櫃了。而且是全家族的出櫃。

過完暑假，我大阿姨、小阿姨、小舅舅，全家族都知道親戚裡又多了我這一個「坩仔仙」。

老一輩的同志，因為社會還沒有通過同婚，除非是騙女生假結婚，否則很難組織屬於自己的家庭。也因為這因素，老一輩同志對原生家庭特別照顧，阿丁表哥就是這樣。

我外婆這邊是大家族，阿丁表哥的爸爸是大舅舅，又是一個霸道的父權主義者。所以大舅家跟其他阿姨小舅們之間，有很多紛擾。每次只要長輩吵架，阿丁表哥總會率先去其他親戚家走訪，然後說盡好話，讓長輩之間盡棄前嫌。

舅舅過世後，阿丁表哥的親哥哥和弟弟都過得不是很好，所以舅媽是阿丁表哥一個人在照顧。

他在夜市經營一家海產粥。生意還不錯，後來連失業的大哥跟大哥的小孩都到海產粥謀職。阿丁表哥就一個人照顧全家，包括兄弟姊妹跟姪子們。

但阿丁表哥的感情運沒有很好。

有一回跟表哥聊，他說，早年的同志，沒有發達的網路，要找另一半真的很難。到了同志酒吧，大家在酒酣耳熱下，有多少心思談真感情？

他也去一些同志會巡弋的公園找伴。但男男之間，這些場所都變成只是洩欲的地方。大家彷彿有一樣的默契，高潮之後，連名字都沒有留下就說再見了。

他年紀慢慢大了，找年輕的，每個接近你的可能都是為了錢。年紀大的，很多早就有伴，不出來玩了。

表哥說他看開了。現在他認了一個乾兒子，也許在金錢上是表哥幫助了他，但精神上，反而乾兒子滿足了他的寂寞，這樣就很夠了。

阿丁表哥拿他乾兒子的照片給我看，是一張年輕的臉，而在旁邊的他，雖然滿臉滄桑，但笑得很滿足。

如果愛情是激情加上陪伴，那只擁有陪伴時，也算擁有愛情嗎？

彩虹大叔說愛：

少了激情的陪伴，也算擁有愛情嗎？

意外的援交直男——

阿龍：你跟其他男生都不會幸福！

阿龍說他真的很感謝我，從來沒有人對他這麼好，還不求回報，沒想到兩滴淚就落在我背後。我轉身準備要安慰阿龍時，他就吻過來了……

故事的開始有點浪漫，很像偶像劇情節，我發誓這真的不是我掰出來的。

有一天，我騎車經過市場路口，看到一個老婦人騎單車，載著一籃水果，結果被快速經過的車子掃到翻車，整籃水果跟人就跌坐在路邊。

我見狀立刻下車扶起老婦人，順便幫忙撿水果。這時，阿龍也看到老婦人的窘境，下車幫忙。我們倆就蹲在地上，一起幫老婦人把整籃的水果撿好、放好。

送走老婦人，我跟阿龍兩人就聊起天來。

原來阿龍是按摩師，而且店面還在我家附近而已，於是過沒幾天，我就去找他。他按摩技術還不錯，還幫我用滑罐刮痧法調整身體痠痛，手法專業。

漸漸的，我們就變成不錯的朋友。

↵

有一次，我又去找阿龍按摩，結果看他臉上都是傷，他說要離開按摩店了。

原來他因為家人的關係，欠了高利貸一筆錢，高達六位數字。債主追討，他還不出錢，就被打了。

雖然跟他相識不深，但我就是覺得相信他，竟然傻傻地拿錢出來幫他還債，我還跟他說，等有錢再還我。

阿龍那陣子也是不好過，沒了工作，經濟出狀況，家裡問題又多，於是我就帶他去藏傳佛教的世界皈依。沒想到他一接觸到宗教，完全樂在其中，變得積極、上進、樂觀，每天說的話都很正面，這種態度真是可愛。他還自己找了一個道教的師父，跟師父學習天語通靈。

也許是因為積極的態度，他終於找到工作，在一間很不錯的工廠當外勞的領班。

有一天他跑來我家，說要還債，到我家之後，他竟然說要用按摩來抵債。而且他計畫每週都要來幫我按摩一次，直到還清。我笑了出來，虧他想得出這種方式。

邊按摩他就邊跟我說，他真的很感謝我，從來沒有人對他這麼好，還不求回報。說起他從小在臺東山上長大，家裡父母如何窮困奮鬥，沒想到兩滴淚就落在我背後。

我轉身準備要安慰阿龍時，他就吻過來了，後續當然就是一陣激情，做了大人做的事情。

我從來沒有問過阿龍是不是同志，但阿龍一直都知道我喜歡男生，而我印象中他以前交過女朋友。

還債還到床上去，這真是讓我始料未及，之後他也真的每週都來幫我按摩，而且每週都發生關係。

我不知道怎麼拒絕，因為我也很享受跟他之間的魚水之歡。阿龍的身材好得不得了，六塊腹肌是那種明顯如冰塊一般。但我們兩人越熟悉，也越親密之後，就覺得不應該繼續下去。

持續一陣子，有次激情過後，他抱著我突然問，他這樣像不像在賣淫？我嚇一跳，我是沒有這樣想過，但之於因為他一開始是為了還債才來我家幫我按摩，到現在兩人關係發展到如此，真的好像在援交一樣。畢竟我們沒有在一起，他也不是同性戀。

那次之後，我就不讓他來我家。

我們是同一個佛學會的，而且有很多共同朋友師兄弟，所以還是會常常碰面。阿龍去道教師父那邊學習後，常常會拿道教那些方法來幫師兄弟們算命。

某次大夥又在算命，當時我剛好認識一個大學生，很想跟對方交往，我就問阿龍，我跟那大學生是否有緣可以在一起。

結果阿龍算了算，竟然說，我這一生除了跟他在一起之外，跟其他男生都不會幸福！他還當著很多師兄弟面前這樣說。

就在我跟大學生生交往後，我們吵吵鬧鬧、分分合合，傳到阿龍的耳裡。

有一天，我又跟大學生翻臉，阿龍得知後跑來我家要安慰我。就在此時，大學生剛好回來要跟我言和，緊張的我就叫阿龍趕快離開，免得大學生誤會。

阿龍很是失落地看了我一眼，就默默地離開。

阿龍再也沒有去佛學會，那次之後我們沒再見過面。

幾年後，我在巷口遇見阿龍。他載著一個女生，他說那是他老婆，已經結婚半年了。我很高興地恭喜他，什麼都沒有聊，只互相問好。

他轉身後，我看著他的背影比之前發福許多。

突然覺得，我其實愛過他。我一直以為我對他只有肉欲，但那一瞬間所有的愛在腦海放映。

原來是我不敢誠實面對愛上一個外在條件優秀、卻生活水平不如我的男子，原來在愛裡面，我也是個愛慕虛榮的壞人。

誠實面對自己有時候很傷人，因為我們不一定是好人。

彩虹大叔說愛：

在愛裡我們都可能成為愛慕虛榮的壞人。

跨不出去的直男——

小馬：I can't fight this feeling any longer

那一年，在往墾丁的路上遇見鳳尾蝶蝶爆。
迎面而來密密麻麻絢爛的鳳尾蝶，在急速下，像是滿天飛舞的黑色雪。
而這也是他第一次坐在後座，把我抱得緊緊的。

〈Can't Fight This Feeling〉是一首五、六年級生的共同回憶，「快速馬車合唱團」（REO Speedwagon）的名曲。

小馬是我的高中同學，其實我都忘記是怎麼認識他了。我是社會組，他是自然組，而且相差十萬八千里的不同班級，到底兩個人怎麼走在一起，怎麼也想不起來。

記憶的開始，是我在福利社打工。

我每天中午去福利社賣便當，還要排桌椅，打掃福利社交誼廳的衛生。而他每天都會來幫我整理桌椅，讓我方便打掃桌椅底下的垃圾。然後等我打掃完，買兩支冰棒，我們就坐在交誼廳的階梯口，天南地北瞎聊。

兩個人越走越近，近到別人都以為我們同班。因為幾乎每次上課，我們都輪流翹課到對方的班級讀書。

我常常去他班上，聽自己完全不懂的物理、化學。而他也常常跑來我教室，忍受他完全沒興趣的歷史、地理。不過上什麼課好像都不重要，因為我們根本只會在紙上用原子筆拚命聊天，計畫接下來要去哪邊玩耍而已。

那一年我們都還不能考駕照，但叛逆的個性怎麼會放棄飆車跑山的瘋狂日子。

我打工存錢，買了一臺最便宜的打檔越野車ＤＴ，自己都覺得帥到掉渣。於是我跟小馬就經常蹺課，從六龜山到嘉義水庫，從三地門到墾丁大街。

就是那一年，在往墾丁的路上遇見鳳尾蝶蝶爆。在沿海公路上奔馳，迎面而來的是密密麻麻絢爛的鳳尾蝶，在急速下，像是滿天飛舞的黑色雪。

而這也是他第一次坐在後座，把我抱得緊緊的，滿臉閃不及鳳尾蝶的衝擊，在背後傳來卻是綿綿密密、溫暖溼潤的溫度，感覺到他的雙唇已經透過衣服的阻隔，貼在我的肌膚……

就在期末考過後，下課後的晚上，他突然出現在我家巷口。

我說，你怎麼還不回家？

他說，他學了一首新的英文歌，想唱給我聽。

就這樣，他在我們老家巷口的街燈，完完整整地唱出「I can't fight this feeling any longer」。

我回到家，疑惑了。

但我忘記是因為疑惑幸福，還是疑惑感動，還是疑惑害怕。

因為他唱完歌轉頭就走，什麼也沒有說。

↵

後來，我們就更常兩小無猜地整天膩在一起。

他爸是退伍將軍，所以他們住在左營眷村的大房子。門口有一顆超大的緬梔花樹，他很愛那種淡淡的香味，所以每次來找我，就會撿一大包黃色的緬梔花給我，香我整個房間。

有天，他心血來潮說要蹺課，帶我從圍牆邊跳出學校。

他想飆車到山上跑山，於是我們奔到六龜山上。沒想到遇到下雨，山上的暴雨來得又急又大，連機車的火星塞都溼了。我們兩個就狼狽地躲到路旁一個土地公廟。車子怎麼發也發不動，雨怎麼看也沒有停止的意思。

他很愧疚，覺得帶我蹺課跑到山上，現在回不了家了，於是他跑去求土地公，許願說，如果雨停了，機車發了，他就當我的司機一輩子。

結果雨真的停了，車也發動了。

人的緣分很奇怪，我原本以為我們會在一起。

暑假的時候，我們一起北上去臺北玩。

我還記得，我們住在和平東路一家叫「幸子」的旅館。

白天我們借了臺北親戚的偉士牌，跑遍民國七〇年代臺北所有的觀光景點，整路上我的手沒有離開他的腰，就那樣緊緊抱著。

晚上我們兩個洗完澡躺在床上，很開心地又開始胡說八道。

我看他頭髮很溼，順手幫他把頭髮梳開，輕撫他的髮際。

他很奇妙地問我，我撫摸他的頭髮，會舒服嗎？會開心嗎？

他並沒有阻止我，只是一直很疑惑地看著我，好像很想問更多，但他默默地眼睛就閉起來。

也沒有再開口問我了。

那次旅行回來後，也許是他害怕，我們就沒有再聯絡了。

後來我們都畢業，考上大學，服兵役，出社會工作多年，我們沒有再見過面。

一次偶然在酒吧，突然播放這首歌曲。

I can't fight this feeling any longer,
And yet I'm still afraid to let it flow.
What started out as friendship has grown stronger,
I only wish I had the strength to let it show.

我愣住了，眼淚也沒有任何預警地偷偷滑下來。

我忍不住拿起電話，打給他。

在二十年後的今晚，我只是想要知道，當年他到底有沒有愛過我？

他接了電話，緩緩地說，真的沒有。因為他害怕。他現在有家庭了，就別再提從前的事了。

我懂，就算曾經有感覺，當下沒跨出去，消逝後就無影無蹤。

彩虹大叔說愛：

當下沒跨出去，消逝後就無影無蹤。

同志閨密變反同──月真：不能接受昔日荒唐的青春歲月

我們會因為陽光太美而蹺課。
她甚至帶我去沒有人的社區游泳池，脫光光享受裸體的自然感受，
那是我第一次裸泳。

很多異性戀直男都說，跟同志交朋友最棒的是他們身邊都有很多漂亮的女朋友。好像真有那麼一回事，因為我就常常在Gay Bar看到很多辣到不行的美女跟一群gay混在一起，把酒當歌，姊妹相稱。

我人生第一個閨密月真，是在我大學時代認識的。

大二那一年的開學註冊，班上排隊繳錢的隊伍出現一個陌生女子。她梳了一

個非洲黑人辮子頭，全身肌膚散發出黑黝黝的光芒，大辣辣地穿著少數民族的傳統服裝排在我前面。

班上同學都很驚訝，竟有這麼一號人物出現在我們班的隊伍，議論紛紛她是否是轉學生。

她主動找我聊天，原來大我一屆，之前買賣股票賺了一筆錢後，獨自一人去環遊世界一年，所以變成跟我同屆同班。

她說最後一站在非洲剛果，竟然遇見當地的富豪。於是在她回國前，富豪的佣人一撮一撮慢慢幫她綁上傳統的非洲辮子頭。

我們倆一見如故，開學第一天認識之後，幾乎每天都難分難捨。

她有開車，明明下課不順路，她還故意繞遠路載我回家。到家又故意說，餓了要煮東西吃。常常蹭著蹭著，就到晚上睡覺時間。然後理所當然地在我家跟我擠一張床。到床上更是不得了，她好像永遠不用睡覺般，一直聊天到天亮。

後來她索性找了一個房子，要我搬去跟她住。

我們一起搬家，一起將壁癌的房子重新粉刷，一起到處找垃圾場，撿別人丟棄的舊家具，一起到二手電器行買洗衣機、冰箱，一起上課，一起下課。

我們還會因為陽光太美而蹺課。她是比較開放的女生，她甚至帶我去沒有人的社區游泳池，脫光光地享受裸體的自然感受，那是我第一次裸泳。

跟異性戀女生住在一起，最擔心的就是有帥哥來作客，尤其像我閨密這種攻擊性特強的肉食女。

我印象最深刻是有一次，高中暗戀的男同學來我們家，大家一起飲酒作樂。她一直逼問高中同學是直是彎？當閨密知道對方是直的，就開始千方百計地灌醉我跟我男同學，然後硬把我同學拖進房間共眠。

隔天，兩位當事者卻出現兩個版本：女方說開心地抱抱親親，男方卻說一夜都沒有任何動作。真相永遠是羅生門。

是不是男同志的閨密除了美麗之外，個性上也比較外放？

與閨密同居後，家裡三不五時就出現她來自世界各地的男朋友。有一次，我們家需要重新粉刷，竟然有她的義大利男友專程坐飛機來幫我們粉刷，然後她的臺灣男朋友也在場。我很尷尬地在客廳看著兩個不同國籍的表兄弟，一起替我們家刷油漆。

更誇張的還有一次，訪客竟然是我大學的教授，教授還下廚給我們打牙祭，當然晚上她們就在房間上演激情師生戀。

閨密逢年過節只要有機會，都會陪我一起下南部，跟我家人歡聚。我那時還沒出櫃，她說要幫我掩護，當我偽女友。但到我家之後她就破功了，閨密忍不住勾引我哥哥，一直逼問我哥愛不愛她。

我閨密是個很有才華的女生，她十六歲就在蘭陵劇坊當女主角。大學時代不只一個人環遊世界，還在當時聞名的《號外》雜誌當編輯、寫文章。

也許就是因為她的才華洋溢，所以不甘於在臺灣的教育體制下受限制。大四那一年，她又休學去英國念書，學習更多的知識、人生、藝術。

我們一直斷斷續續地聯絡，不斷收到她人生不同階段的消息。

她交男朋友，她念完博士，她結婚了，她搬去美國，她生小孩了。

很遺憾她人生重要的時刻我都沒參與到，兩個好朋友漸行漸遠。

↵

後來我透過很多方式，一直想跟她見面，但總是被拒絕。

剛開始以為她過得不是很好，所以不方便見老朋友。

後來我遇見閨密的親姊姊才知道，其實她早就變了。

月真姊姊說，閨密離婚又再婚，生了兩個女兒。月真定居在美國馬里蘭州，離紐約不遠。

她信教了，基督教，虔誠的基督徒。而且每天熱中教會的各種活動。

她姊姊說，月真現在很討厭同性戀。

月真發現姊姊的兒子是同性戀時，跑去罵姊姊，怎麼可以讓小孩「變」成同性戀。

還有一次，月真蘭陵時期的同志密友去找她，她直接拒絕見面。月真變成了反同尖兵。她已經不能接受昔日荒唐的青春歲月，也不想跟過去象徵荒唐歲月的同志密友再續前緣，因為那些只會讓她自己更有罪惡感。

我不知道教會會讓人有這麼大的轉變，我依然很想念她，那黑黝黝閃亮的臉孔。

歲月改變的不只是容顏，再堅固深愛的情感，也會隨時空轉變。

彩虹大叔說愛：
再堅固深愛的情感，也會隨時空轉變。

【後記】

讓我們共有愛，共有平權社會

三年前，我從遊戲公司退休後，到紐約待了三年。

工作了大半輩子，原以為退休的生活理當每天剪剪花草，到公園散步看夕陽。

沒想到這種日子過了幾個月，我就開始覺得無聊了。

正當不知所措時，我的高中閨密，也就是作家艾莉打電話託我幫她買雙UGG的雪靴。

聊著聊著，艾莉說到，如果覺得無聊，就寫寫東西啊！

那一瞬間，我腦海突然閃過生命中遇過那麼多特別的人。

是啊，何不把他們的故事都寫下來，讓大家知道，每一種愛的樣貌都是可以成立的，只要不傷害別人。

就這樣，我斷斷續續寫了四十多個人物故事。後來，因為我的伴侶工作合約到期，兩人就搬回臺灣。

這陣子因為疫情的關係，遊戲產業與影視產業突然發達起來。我於是又投身企業，在遊戲公司任職總經理，在影視公司做監製，在產學策進會當顧問，也為了推廣自己公司的遊戲作品，上媒體宣傳，成了出櫃同志企業家。這些因緣，也讓出版社願意幫忙發行這本我在美國紐約退休日子所寫愛的平權故事集。

在忙碌的工作期間，很難安靜地整理並調整新書內容，我只好抽時間在各個偏遠的渡假飯店旅居。

本以為在安靜的飯店裡，就可以心無罣礙地認真寫作，但我萬萬沒想到，原來現在五星級飯店已經被不能出國旅遊的同志情侶占滿。

從早餐時間，就見到一對一對的男男情侶在四周卿卿我我，行政酒廊占滿了同志夫夫，無處不是一堆粉紅泡泡。

有一次，我在臺東喜來登酒店就遇見二位在一起快二十年的男男伴侶。因為愛旅遊，他們幾乎周遊列國，破百個國家，所以到處收集了很多飯店、航空的高級會員。但疫情的關係無法出國，他們又為了維持貴賓資格，只好一直在臺灣狂刷飯店。

他們說，同志有下一代的不多，經濟能力普遍都比較好，而且男同志畢竟都是男性，本來就比較富有冒險精神，因此成為臺灣觀光的主力之一。

也許就因為這樣的因素，原本封閉的社會看到更多同志伴侶在身邊周旋，對同志的態度早就不像以前那樣，見怪不怪了，也讓我們的社會對同志更友善。

不過臺東的新朋友說，他們在臺灣旅遊時，感覺還是比較綁手綁腳，不敢做自己：「畢竟這是一個屬於直男的世界。」

我真心覺得這時候出這本書，是最好的時機。當大家面對四周突然打開櫃子的親朋好友時，能藉由這些小故事，來體諒各種不同角色內心的所有糾結，以及大家如何友善地面對。

為什麼臺灣的同志還是會覺得這個社會屬於「直男的世界」？難道不能是我們一起共有的平權社會？

希望大家看了這本書後，能多愛ＬＧＢＴ朋友一些，ＬＧＢＴ的朋友也不忘多愛自己一些。

平權社會屬於我們共同擁有，因為我們都一樣有愛。

國家圖書館出版品預行編目資料

世界很亂，但至少我們還有愛／彩虹大叔（蔡意欽）作.
-- 初版. -- 臺北市：方智出版社股份有限公司，2021.05
304 面；14.8×20.8公分. --（方智好讀；137）
ISBN 978-986-175-597-7（平裝）

1.同性戀 2.性別認同 3.兩性關係 4.通俗作品

544.75　　110004616

Eurasian Publishing Group
圓神出版事業機構
用心與你對話．視野無限寬廣
方智出版社
Fine Press

www.booklife.com.tw　　reader@mail.eurasian.com.tw

方智好讀 137

世界很亂，但至少我們還有愛

作　　者／彩虹大叔（蔡意欽）
發 行 人／簡志忠
出 版 者／方智出版社股份有限公司
地　　址／臺北市南京東路四段50號6樓之1
電　　話／（02）2579-6600．2579-8800．2570-3939
傳　　真／（02）2579-0338．2577-3220．2570-3636
總 編 輯／陳秋月
副總編輯／賴良珠
主　　編／黃淑雲
專案企畫／尉遲佩文
責任編輯／陳孟君
校　　對／胡靜佳．陳孟君
美術編輯／蔡惠如
行銷企畫／陳禹伶．王莉莉
印務統籌／劉鳳剛．高榮祥
監　　印／高榮祥
排　　版／陳采淇
經 銷 商／叩應股份有限公司
郵撥帳號／ 18707239
法律顧問／圓神出版事業機構法律顧問　蕭雄淋律師
印　　刷／祥峰印刷廠
2021年5月　初版

定價350元　　ISBN 978-986-175-597-7

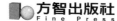

愛

愛